일리아스에 대하여

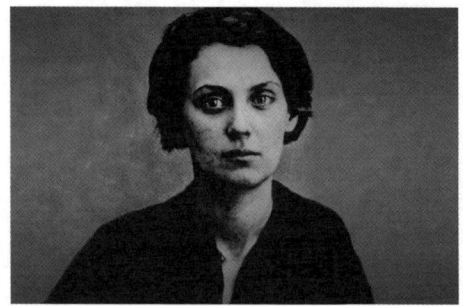

Rachel Bespaloff

일리아스에 대하여

라헬 베스팔로프
이세진 옮김

RACHEL BESPALOFF

DE L'ILIADE

미행

일러두기
- 이 책은 라헬 베스팔로프(Rachel Bespaloff)의 *De L'Iliade*(1943)를 완역한 것이다.
- 주는, 저자의 주일 경우에 끝에 저자를 밝혀주었고 그 외에는 옮긴이의 주이다.
- 장 발의 서문과 모니크 쥐트랭의 글은 에이전시를 통해 사용을 허가받으려고 노력했으나 저작권자와 끝내 연락이 닿지 않았다. 저작권자와 연락이 닿는 대로 저작권 협의를 진행할 예정이다.

서문[*]

장 발

라헬 베스팔로프^{Rachel Bespaloff}는 『일리아스』의 주요 인물들에 대하여 깊이 생각해볼 기회를 제공한다. 시련의 시간에 서양의 사유는 자연스레 그리스와 유대라는 자신의 기원들을 돌아보고 그 두 기원의 반목과 결합을 고찰하게 되었다.

호메로스의 세계는 힘의 세계다. 헤라클레이토스의 추종자들이 호메로스를 원용했던 것은 우연이 아니요, 실수도 아니었다. 만물이 투쟁에서 비롯된다. 하지만 이원성의 투쟁 그 자체는 하나의 뒤나미스^{Dynamis}[**], 영원한 퓌시스^{Physis}[***]의 소산이다. 이 대립하는 힘들, 이 길항적 에너지들을 하나의 동일한 힘이 낳았

---

[*] 『일리아스에 대하여』는 저자가 유대계 프랑스인이었기 때문에 제2차 세계대전 중인 1943년 나치의 눈을 피해 뉴욕 브렌타노 출판사에서 출간되었다. 이 서문은 그 초판본을 위하여 장 발이 쓴 것이다.
[**] 질료가 형상을 받아들일 수 있는 능력. 가능태.
[***] 성장원으로서의 자연, 그 본성.

다는 얘기다. 헤라클레이토스는 투쟁들을 지배하는 하나의 이성, 공통의 로고스가 있다고 보았다. 서로 모순되는 허다한 말들의 기저에 하나의 발설된 말이 있다. 헥토르는 지키려는 힘이다. 이 힘은 잃을 것이 너무 많다는 것을 안다. 아킬레우스는 다 부숴버리고 자기 자신마저 부수는 힘이다. 이 힘은 우울한 분노를 쏟아내면서 자신을 누설하기를 좋아한다. 그러나 헥토르와 아킬레우스는 서로 공고히 결속해 있다.

힘은 서로 부딪치는 모양새들로 표현될 뿐 아니라 본질의 애매성 또한 이율배반적이다. 전쟁의 아름다움이 있다. 힘의 아름다움이 있다. 헬레네의 아름다움과 마찬가지로, 이 아름다움에는 필요악이 있다.

힘의 숙명은 또 어떠한가. 아름다움과 힘에 관해서는 "충분하다"가 절대로 충분치 않다는 것을 알기에 "과함이 없다"*고 말하는 것이 그리스의 지혜. 여기에는 절대적 선인도 없고 절대적 악인도 없다. 힘 자체는 죄과罪科의 결정에서 벗어나 있다. 힘은 단죄나 정죄淨罪의 대상이 아니다. 힘은 모든 질적 판단 너머에 존재한다. 생이 존재한다.

"전쟁에 대한 사내다운 사랑, 사내다운 공포." 호메로스의 영웅들은 주전론자도 아니고 평화론자도 아니다. 그들이 곧 폭력이지만 그들 또한 폭력에 고통받는다. 플라톤의 세계에서처럼 호메로스의 세계에서도 불의를 일방적으로 행사하거나 일방적으로 당할 수는 없다. 아킬레우스의 선택은 소크라테스의 선택과 같지 않다. 그러나 각자 자기가 어떠어떠한 사항들 사이에서 선택을 해야 하는지는 잘 안다.

---

* 구어로는 '별로 그렇지 않다'라는 표현이지만 직역함.

"어차피 모든 것이 가혹한데 인생의 무엇이 그리 가혹하겠는 가." 보통은 단맛이 씁쓸하게 변해버리곤 하지만 이 말에는 순하게 누그러진 쓴맛이 있다.*

우리는 베스팔로프를 따라서 호메로스에게 생성^{devenir}**의 죄의식이 있다고 말해야 할까? 니체의 사상으로 돌아가 생성은 순수하다고 말해야만 하지 않을까? 잔혹하고 파괴적일지라도 생성은 죄가 없다.

라헬 베스팔로프는 니체와는 반대로 호메로스가 찬란한 영예와 승리의 시인이라기보다 불행의 시인이라고 주장한다. 죽은 전사들의 아름다움, 희생당한 영웅들의 영광, "숙명에 패했으나 여전히 숙명에 도전하고 숙명을 뛰어넘는" 모든 것을 노래하는 시인 말이다. 그렇지만 "균형은 과잉의 고통을 통하여 이루어진

---

* 시몬 베유가 에밀 노비스라는 가명으로 1940-1941년에 『레 카이에 뒤 쉬드(Les Cahiers du Sud)』에 발표한 「일리아스 또는 힘의 시」는 정반대로 말한다. "이로써, 이 애정에서 비롯된 통한으로 인하여, 『일리아스』는 독특한 것이 된다. (…) 그 어조에 통한이 느껴지지 않는 순간은 결코 없다." 일단 라헬 베스팔로프의 문장으로 이 논평에 동의를 표하자. "승자와 패자는 다 같이 가깝고 그들은 시인과 듣는 이의 동족이라는 점에서 마찬가지다." 그리고 또 이 문장도 보자. "인간의 비참에 대한 감정이야말로 정의와 사랑의 조건이다." 라헬 베스팔로프는 "과잉 없는 과잉"의 기술을 말하고 시몬 베유는 "불행의 적확한 표현"을 말한다. 또한 베유는 힘에 위협받는 것을 향한 "고통스러운 사랑"을 말한다. 베스팔로프가 말하는 "멸절할 것들에 대한 정"이다. 그렇지만 시몬 베유의 글이 힘을 절대적으로 단죄하는 반면, 라헬 베스팔로프는 힘을 어떤 절대성, 단죄당하지 않고 스스로 단죄하는 절대적 운동으로 본다. 나치에 압제당하던 유럽에서 이 두 저자는 같은 시기에 호메로스에 대한 성찰을 내놓았다. 두 사람 모두 구대륙을 떠나면서 그곳의 가장 위대한 두 권의 책 중 하나를 들여다보기 원했고, 둘 다 동시에 다른 한 권으로 눈을 돌림으로써 그 성찰을 완성했다. —장 발

** 문장에 들어왔을 때의 가독성을 위해 '생성'이라는 번역어를 택했으나 끊임없이 변해가면서 또 다른 상태로 나아감, 즉 '되기(영어로 becoming)'라는 뜻으로 읽어 주기 바란다.

다". 근본적인 힘들은 갱신된다. '힘'은 영원하나 힘들은 일시적이다. 이 세계는 데카르트의 세계, 그 창조적 구성과 완전히 딴판이고 창조적 진화의 세계와도 상당히 거리가 멀 것이다. 이것은 창조적 파괴와 파괴적 구성의 세계다.

아킬레우스와 헥토르는 하나다. 제우스의 무관심한 눈에, 프리아모스의 애달픈 눈에, 호메로스의 눈에 그 둘은 다르지 않다. 놀이하는 신, 불쌍한 노인, 늙은 음유시인이라는 세 관조자에게 그들은 하나다. 이 세 철학자에게 그들은 하나다. 아리스토텔레스의 제자들은 언제나 세계를 관조하기 위해 철학자가 있어야 한다고 했다. 어떤 의미에서 제우스의 시선, 프리아모스의 시선, 호메로스의 시선은 이 모든 투쟁들의 정당화다. 아니, 정당화가 아니라 오히려 영속화, 다시 말해 사유에 의한 보전이라고 해야 할까. 프리아모스의 꿰뚫는 시선은 모든 것을 보전하고 헥토르의 혈통이라는 귀한 보물을 더 크게 키운다. 연민은 안다. 라헬 베스팔로프는 모든 말이 꺼져 들어가는 순간들이 있다고 말한다. 아킬레우스는 이제 없다. 프리아모스는 이제 없다. 이제 시선들밖에 없다. 그것들은 단 하나의 시선을 이룬다. 그것들이 만물의 생과 하나가 된다. 생에 통합된 생이다. 그리하여 인간들은 불행을 통하여 평등해진다. 불행은 마땅한 동시에 부당하다. 행위의 차원은 관조의 차원에 녹아든다. 이것은 정신이라는 플라톤적 차원이나 마음이라는 파스칼적 차원이 아니라 생이라는 톨스토이적 차원, 혹은 헤겔적 차원이나 니체적 차원이라고 해두자.

니체는 그리스가 어둠의 세계를 살았다고 했다. 그러나 어둠으로 인하여 빛의 꽃이 나타나는 것을 볼 수 있었다. 청춘은 꽃이다. 사유는 빛이다. 투키디데스, 플라톤, 아리스토텔레스는 호메로스 이후에 이 생성의 토양과 형상의 개화를 의식했던 인물들이다. 플라톤은 아마도 그런 경험을 점점 더 쌓아나가 형상을 "생성된 본질" "존재로의 생성"의 소산으로 보게 되었을 것이다.

호메로스는 개인을 노래한 시인이다. 헥토르, 아킬레우스, 헬레네는 섞이지 않고 딱 떨어지게 한정된 형상들이다. 그는 이 형상들을 운명 아래 두되 예술을 통하여 운명 위로 높인다. 베스팔로프는 말한다. "그들은 생성에서 한순간 홀연히 솟아올라 영원해진다." 그리고 호메로스는 그러한 순간들의 시인이다. 기념비적 순간, 순간적인 기념비, 바로 '개인'의 지고한 순간들이다. 그러나 인간은 자연과 분리되지 않는다. 스카만드로스*는 신이고, 신들은 (때로는 인간만 못하고 때로는 인간 이상이지만) 인간들이며, 인간들은 자연의 힘이다. 이리하여 사물, 인간, 신 사이에서 자기와 다른 것으로 넘어가는 거대한 놀이가 펼쳐진다. 그리고 인간은 "정답고 감미로운 오만 가지 사물들"과 분리되지 않는다. 호메로스는 사물을 충만함으로 찬란하게 그려낸다. 라헬 베스팔로프는 영웅은 멸절하고 말 것들 앞에서 한없는 정을 느낀다고 말한다. 그 사물들은 죽음의 현존을 통하여 변모하고 말 것이다. 신들에게는 인간을 완성하는 이 유한성이 없다. 유한성은 인간을 파괴하는 동시에 완전하게 한다.

키르케고르는 미학과 윤리학을 대립적으로 파악했다. 니체는 미학만을 진정한 윤리학으로 여기고 아폴론적인 것과 디오니소스적인 것을 대립시켰다. 셰스토프는 아폴론적이든 디오니소스적이든 결국 다 그리스적인 것이라고 보고 이에 대립하는 것을

---

* 트로아스 지방에 흐르는 강의 이름이자 그 강의 신 이름이다. 트로이 전쟁에서 트로이군의 편을 들어 홍수를 일으켜 아킬레우스를 공격하다가 헤라 여신이 아들인 불의 신 헤파이스토스를 보내 불로 강물을 말려버리는 바람에 항복했다고 한다.

예루살렘이라고 불렀다. 그러나 베스팔로프는 호메로스에게서 디오니소스적인 것과 아폴론적인 것의 일치, 미학과 윤리학의 일치를 보았던 것처럼 가장 심원한 시온이 그리스 정신과 일치하는 것도 보았다. 스승들이 갈라지는 지점에서 그녀는 화해와 통합을 바로 그 스승들에게서, 그리고 톨스토이에게서 배웠다. 전쟁이 발발하기 직전에 나왔던 저서의 제목 『전진과 분기 Cheminements et Carrefours』를 빌려서 말해보자면, 그녀는 더 이상 분기가 없는 지점까지 전진했던 것이다.

장 발(Jean André Wahl, 1888-1974)은 30여 년간 파리 소르본 대학교 철학 교수를 지냈다. 유대계 프랑스인이라는 이유로 제2차 세계대전 기간에는 드랑시 임시 수용소에 억류되었으나 탈출한 후 미국으로 건너갔고 전쟁이 끝나고 나서야 대학 강단으로 돌아왔다. 베르그송, 키르케고르, 헤겔 철학을 연구했고 영미 철학에도 조예가 깊었다. 라헬 베스팔로프는 그가 특히 아끼는 제자였다.

니심에게*

* 라헬 베스팔로프의 남편.

차례

서문 — 장 발   5

Ⅰ 헥토르   17
Ⅱ 테티스와 아킬레우스   29
Ⅲ 헬레네   37
Ⅳ 신들의 희극   49
Ⅴ 트로이에서 모스크바까지   59
Ⅵ 프리아모스와 아킬레우스의 만찬   71
고대적 원천과 성경적 원천   82

라헬 베스팔로프와 함께 나아가다 — 모니크 쥐트랭   99

편집 후기   122

I
헥토르

고통과 상실은 헥토르를 벌거벗겼다. 프리아모스의 아들들이라는 어지간히 비루한 무리 가운데 오직 그만이 통치하기 위해 태어난 왕자였다. 초인도 아니요, 반신半神도 아니요, 신들과 비슷하지도 않은, 인간들 사이의 왕자. 자기를 존중하되 교만하지 않고 신들을 존중하되 비천하지 않은 소탈한 기품이 그에게는 몸에 잘 맞는 편한 옷 같았다. 받은 것이 많으니 잃을 것도 많았고, 언제나 운명에 도전하려는 열정이 받은 것을 뛰어넘었다. 일리온의 수호신 아폴론의 가호를 입은 헥토르는 도성과 여자와 아이를 지켜주는 자, 소멸하게 마련인 행복의 파수꾼이다. 영광을 앙망하는 열정이 그를 맹목에 빠뜨리지는 않았다. 그 열정은 희망이 떠나가는 때에도 그를 지탱해주었다. "아마도 내 영혼과 마음은 알고 있소, 거룩한 일리오스*가 멸절할 날이 오리라는 것을…" 그러나 그는 "어느 때에나 용맹을 떨치고" "트로이인들의 선두에서 싸우는" 법을 배웠으니, 그것이 왕자로서의 특권이었다. 안드로마케가 그토록 다정하게 애원했음에도 그가 그 특권을 포기하게 할 수는 없었다. 그가 아내의 간청에도 아무렇지 않았던 것은 아니다. 안드로마케를 생각하면—자기 백성, 자기 아버지, 자기 형제들을 생각하는 것 이상으로—앞으로의 일이 걱정되어 미칠 것 같았다. 안드로마케를 노리는 사나운 운명을 머릿속에 떠올리기만 해도 그는 차라리 죽기를 바랐다. "아, 그대의 비명이 들리기 전에, 그대가 노예로 끌려가는 모습을 보기 전에, 내가 죽어 송두리째 흙에 뒤덮일 수 있기를." 전쟁에 나서기 전, 헥토르는 자기 삶의 진정한 보화들을 마지막으로 눈에 담는다. 그것들은 돌연히 훤히 드러난 표적이 되어버렸다. 석별의 아픔이 이미 작정한 바를 누그러뜨리지는 못했다. "싸움터에서 인간들이 지켜보니", 헥토르는 일리오스에서 태어난 자들 가운데 으뜸이었다.

아킬레우스는 치러야 할 대가가 없었으나 헥토르는 모든 것으로 대가를 치렀다. 그런데도 언제나 앙심이 가득한 자는 헥토르가 아니라 아킬레우스다. 아킬레우스는 거듭 승리를 차지하면서도 꾸역꾸역 "불만으로 제 속을 채운다." 『일리아스』에서 원한을 품은 쪽은 약자가 아니라 오히려 제힘을 마음껏 뽐내고 휘두를 줄 아는 자다. 헥토르의 경우, 위대함을 향한 의지는 결코 행복을 향한 의지의 경쟁상대가 되지 못한다. 얼마 되지 않는 참된 행복이 무엇보다 으뜸이다. 그러한 행복은 생의 진실과 일치를 이루기에 생 자체를 바쳐서라도 지켜낼 가치가 있을 것이다. 그로써 생에 그 진면목과 형상과 가치를 부여하게 되리라. 비록 패배하였으나 헥토르의 용기는 불만과 성마른 근심에 찌든 아킬레우스의

---

* 일리오스는 '트로이'를 가리키며, 『일리아스』는 '일리오스에 대한 이야기'라는 뜻이다.

영웅심 앞에서 사라지지 않는다. 그러나 풍요로운 문명들의 노력에 보답하는, 행복에 대한 '적성^{aptitude}'은 수호자의 도약을 가로막는다. 이 적성은 전쟁의 신들이 요구하는 막대한 희생을 민감하게 받아들이게 하기 때문이다. 행복에 대한 적성은 행복에 대한 '욕심^{appétit}'을 진정시키는 듯하다. 거칠고 억센 공격자는 그러한 욕심에 가득 차 먹잇감에 달려들고 "쉴 새 없이 싸우고 전쟁을 하는 무한한 힘"으로 제 심장을 채운다.

    헥토르에게 죽음은 자신이 사랑하는 모든 것을 형벌과 고문에 내맡긴다는 의미다. 한편, 도주는 자기를 초월하는 것을 부인한다는 의미다. 이 '영광', 아주 먼 훗날 일리오스를 부활시킬 노래의 주제 말이다. 성벽 앞에서 아킬레우스를 맞닥뜨릴 채비를 하는 헥토르는 패배의 예감에, 그리고 프리아모스와 헤카베의 애원에 심란해진다. 그는 궁극의 망설임에 처한다. 아킬레우스에게 헬레네를 돌려보내고 트로이의 모든 재화를 나누기로 약속하여 (표현을 그대로 가져오자면) "체면 차린 평화"를 보전하면 어떨까? 그는 얼른 생각을 고쳐먹는다. 아킬레우스가 전쟁을 결정한 것이 아니라 전쟁이 아킬레우스를 휘두르는 것이다. 아킬레우스는 태풍처럼 거친 사내이니, 그런 약속에 넘어오거나 이성으로 설득되거나 인간적인 감정에 흔들릴 리 없다. "우리가 최대한 빨리 만나 우리의 싸움을 끝내는 편이 나으리." 어쩌면 난생처음, 헥토르는 자신의 유일한 약점에 지는 기분이 들었을 것이다. 그래도 불쑥 튀어나오는 적을 발견한 순간, 공포를 더 이상 다스릴 수 없었다. 용감무쌍한 자 헥토르, 트로이에 숱하게 승리를 안겨 주었고 아이아스나 가장 용맹한 아카이아인들과 겨루었던 헥토르, 그가 도주를 꾀한다. 호메로스는 이 인물이 온전히 인간적이기를 원했다. 그래서 헥토르를 동요나 공포를 아예 모르는 자, 굴욕과 비겁

함이라고는 찾아볼 수 없는 자로 그리지 않았다. "앞에서 도망치는 자도 용감하였으나 뒤에서 전력으로 그를 쫓는 자가 더 강했다." 이 도주는 잠시뿐이지만 악몽처럼 영원하다. "꿈속에서 달아나는 자를 추격하려 해도 잡을 수 없듯이—쫓기는 자는 달아날 수 없고 쫓는 자는 추격할 수 없듯이—아킬레우스는 그날 자신에게서 달아나는 헥토르를 따라잡지 못했고 헥토르는 아킬레우스의 추격을 벗어나지 못했다." 여기서 호메로스는 이야기를 통하여 해결도 없고 구원도 없는 우주적 공포의 토대에 다다른다. 트로이의 성벽 주위가 아니라 우주의 울타리 안에서 약탈자의 추격과 피해자의 도주가 무한히 길어진다. "그리고 모든 신들이 그 추격을 지켜보았다." 헥토르는 초인적인 노력으로—그게 아니면 인간의 한계와 극치까지 다다라—마침내 자신을 다잡고 적에게 맞선다. "펠레우스의 아들이여, 이제 더는 너를 피해 달아나지 않겠다…. 내가 너를 쓰러뜨리거나 네가 나를 쓰러뜨리거나 둘 중 하나만 있을 뿐이다." 그가 도망쳤던 것, 그가 마주한 것은 "거대한 자 아킬레우스"가 아니라 자신의 운명이었다. 자신이 하데스에게 내던져지기로 정해진 그 시간 말이다. 그는 적어도 싸우지 않고 불명예스럽게 멸절하지는 않을 터였다. 그는 죽어가면서 마지막으로 아킬레우스에게 자신의 시신을 들개들의 먹이로 주지는 말아달라 간청한다. 마지막으로, 잔인무도함에 취한 승자는 거절한다. 이 순간 아킬레우스는 자신이 더 이상 인간이 아님을 깨닫고 이렇게 털어놓는다. "사람과 사자 사이에 언약이란 있을 수 없듯이… 너와 내가 서로 화목한다는 것은 우리에게 허락되지 않은 일이다." 헥토르는 단말마의 고통에서 풀려나면서 비로소 자신의 과오를 깨닫는다. 그는 진실과 죽음에 동시에 굴복한다. "그래, 이제 알겠구나. 너를 똑바로 보기만 해도 내 말에 설득될 인간이 아니라는 것을 알겠다. 네 가슴 속의 심장은 강철로 되어 있구나."

신은 부재하고 숙명은 보상의 장치가 된다. 헥토르는 파트로클로스를 (그리 명예롭지 않은 방식으로 숨통을 창으로 끊어) 죽인 대가를 치렀고, 아킬레우스 역시 나중에 가서 헥토르를 죽인 대가를 치른다. "아레스는 공평하시니, 죽이는 자들을 죽이신다." 헥토르 자신도 살육의 흥분에 취해 마땅한 도의를 따르지 않았다. 적을 바닥에 쓰러뜨려 욕보이고 숨통을 끊으면서도 거리낌이 없었다는 점에서 그도 아킬레우스보다 나을 것이 없었다. 둘 다 복수를 불경의 수준까지 밀고 나갔고 희생자의 시신을 모독함으로써 영혼까지 죽였다. 패자를 능욕하는 두 장면은 소름 끼칠 정도로 비슷하다. 파트로클로스는 헥토르에게 "죽음과 강압적 운명"을 예고했고 헥토르는 헥토르대로 숨을 거두면서 아킬레우스가 "스카이아이 문 앞에서 죽을" 것이라 예언한다. 전쟁은 차이를 소진하여 유일무이한 자를 완전히 모욕하기에 이른다. 헥토르이든 아킬레우스이든 승자는 다른 승자들과 매한가지, 패자는 다른 패자들과 매한가지다. 호메로스는 그 광경을 우리에게 숨기지 않는다. 그렇지만 그는 늘 개인의 에너지와 집단의 남성적 미덕을 낳는 전쟁의 경쟁성을 창의적 행동의 원칙이자 원동력으로 보았다. 이로써 영광에 대한 의욕이 개인과 민중을 사로잡고 불멸에 대한 사랑으로 변한다. 그럼에도 『일리아스』에는 운명의 이미지가 벌의 이미지와 긴밀하게 이어져 있는 대목들이 넘쳐난다. 도덕적 차원의 처벌, 신에게서 온 명령 외에도 고대 네메시스의 복수는 '죄의 범주에 들지 않았던 행위를 나중에 돌이켜보아 처벌할 만한 것으로 부각'한다. 신들의 아버지가 숙명의 결정을 읽어내기 위해 황금 저울을 달아보는 순간에는, 살인자가 자신의 신성한 임무를 완수할 수 있다. 그때는 불멸하는 신들의 가호 아래 있으니까. 하지만 그가 목적을 달성하자마자 아직은 소진하지 않은 힘이 있는데도 그는 다시 약해 빠진 피조물로 돌아간다.

힘은 과하게 쏟아낼 때에만, 지나친 남용을 통해서만 드러나고 알려진다. 이 지고의 분출, 이 죽음의 섬광 속에서 계산, 우연, 역량은 인간 조건에 도전하기 위해 하나가 된다. 한마디로, 힘은 그래서 아름다운 것이다. (오직 신의 권능을 찬양하고 우러러보는 성경을 제외하면) 호메로스만큼 우리에게 힘의 아름다움을 느끼게 하는 이는 없다. 호메로스는 전사들의 아름다움을 기리면서 그 인물들을 이상화하거나 양식화하지 않는다. 아킬레우스가 아름답고 헥토르가 아름다운 이유는 힘이 아름답기 때문이다. 오직 전능의 아름다움만이 아름다움의 전능이 되어 인간을 그 자신의 붕괴와 멸절에까지 온전히 동의하게 한다. 힘에 자신을 내어주는 이 절대적 굴종이 숭배 행위에 있다. 힘은 이렇듯 『일리아스』에서 삶의 궁극적 현실이자 궁극적 환상으로서 나타난다. 호메로스는 죽음에 대한 멸시, 자기희생의 도취에 흘러넘치는 생을 신성화한다. 그리고 생을 생기 없는 상태로 변화시키는 숙명을 고발한다. 숙명은 생을 그 추이의 끝까지, 자기 자신과 자기가 낳았던 가치들을 파기하는 지경까지 맹목적으로 밀어붙인다. 호메로스는 숙명에 눈이 먼 자의 내면에서 전능 환상*이 빚어낸 아둔함을 보여주기 위해 아킬레우스나 아이아스가 아니라 현명하고 사려 깊은 이 왕자를 택했다. 헥토르는 일시적인 승리에 취해 갑자기 반성적 사고력, 절도와 균형 감각을 잃는다. 그는 폴뤼다마스의 신중한 조언에 버럭 역정을 내고 그렇게 비관적인 말만 자꾸

---

*   유아는 완전한 만족감과 엄마와 하나 되는 느낌을 통해서 대상과의 관계를 완벽하게 통제하고 있으며 자신이 이 세상에서 제일 귀한 존재라는 환상을 갖는다.

하면 죽여버리겠다고 위협한다. 헥토르가 회의에서나 싸움터에서 자신과 다른 의견을 용납하지 못한다는 폴뤼다마스의 지적은 아마 틀리지 않았을 것이다. "그대는 언제나 그대의 힘을 찬양하는 것만을 옳다고 생각하는구려." 이렇듯 호메로스의 영웅은 (반신인 아킬레우스조차도) 인간 조건에서 벗어나 있을 수 없다. 헥토르의 모든 미덕은—그의 용기, 고결함, 현명함조차도—전쟁에서 꺾이거나 더럽혀지고 만다. 예외가 있다면 그를 인간답게 하는 이 자기 존중을 들 수 있으려나. 그는 자기 자신을 존중했기에 불가피한 것 앞에서 마음을 다잡고 죽음의 순간에 가장 냉철해질 수 있었다.

그리하여, 헥토르는 "후대 사람들에게 길이길이 회자될" 것이라는 이 영광을 제외하고 전부를 잃었다. 그리고 호메로스의 전사에게 이 영광은 기분 좋은 환상이나 알맹이 없는 허세 따위가 아니라 그리스도인들에게 대속代贖, rédemption이 나타내는 바와 맞먹는다. 그건 바로 불멸에 대한 확신이다. 이야기를 넘어, 시의 지고한 초연함 속에서 영원히 살게 되리라는 확신 말이다. 아킬레우스는 헥토르의 시신에 끈질기게 패악을 부린다. 매일 새벽같이 부지런하고 철두철미하게 보복을 실행한다. 가엾은 적장의 시신을 전차 뒤에 매달고 질질 끌며 파트로클로스의 무덤을 세 바퀴 돌고 와서는 시신을 먼지구덩이에 그냥 처박아둔다. 아킬레우스의 풀리지 않는 원한은 파트로클로스를 죽인 자인 동시에 이제 그의 힘이 미치지 못하는 패자에게 마구 쏟아진다. 게다가 이자는 아킬레우스에게 승리는 소용없고 다음은 그의 차례임을 상기시킨다. 신들은 헥토르에게서 모든 것을 앗아갔지만 힘에서 패배한 후에도 살아남은 아름다움은 앗아갈 수 없었고 그러기를 원치도 않았다. 헥토르의 시신은 흙바닥에 엎어져 있어도 여전히 아름답다.

"아폴론은 그 육신이 손상을 입지 않도록 지켜주었고… 아프로디테는 밤낮으로 개들이 다가오지 못하게 물리쳐주었다." 그리하여 프리아모스는 젊은 전사의 아름다움이 조금도 훼손되지 않은 시신을 넘겨받게 될 것이다. 프리아모스가 아킬레우스를 찾아가기 전에 아들의 시신이 어찌 되었는지 불안해하며 묻자 그의 인도자 헤르메스는 이런 말로 안심시킨다. "가까이 가보면 썩지도 않고 그대로인 모습을 보게 될 겁니다. 핏자국이 말끔히 씻기고 더럽혀진 곳 하나 없으며 상처는 모두 아물었습니다…. 복되신 신들께서 이렇듯 당신 아들을 죽은 후에도 돌보아주십니다. 신들께서 그를 귀히 여기시는 까닭입니다."

그러므로 사실은 아킬레우스의 분노가 아니라 아킬레우스와 헥토르의 대결이 『일리아스』의 중심 주제를 이루고 작품의 통일성과 진행을 동시에 지휘한다. 복수의 영웅과 저항의 영웅이 비극적으로 맞붙은 대결이다. 신들과 필연의 존재에도 불구하고, 우리가 보기에, 그리고 관조하는 신 제우스가 보기에, 충분한 자유가 빚어지므로 장면들이 미리 짜여 있는 듯 보이지는 않는다. 전투의 리듬에 따라 침략자들의 혈기와 포위당한 자들의 결기가 균형을 이루면서 양측 모두에게 미래에 대한 불확실성이 자꾸만 싹튼다. 그래도 아카이아인들과 트로이인들은 어렴풋한 통찰력을 발휘하여 "그 합계가 트로이 전쟁을 이루는 무한한 대결들의 연속" 가운데 자기네들의 승산을 따진다. 무슨 일이 일어나든 해적 도시국가의 우두머리들에게는 자기들이 결코 지지 않을 거라는 믿음이 있다. 반면, 일리오스의 왕자들은 승리를 거두고서도 패전의 예감을 피하지 못한다. 헥토르가 승패에 절망하지 않고 용기를 내어 아킬레우스를 상대할 때, 그는 자기 자신을 이겨내느라 자신이 지닌 힘의 가장 좋은 부분을 이미 다 써버렸다. 아킬레우스의 임무는 생기의 출처와 자원을 파괴함으로써 쇄신하는 것이고, 헥토르의 임무는 자기를 내어줌으로써 신성한 신뢰를 구원하는 것이다. 그 신뢰를 보전할 때 생성에는 근원적인 연속성이 보장된다. 하지만 결정적 싸움의 순간에서야 헥토르의 용기는 무르익어 궁극의 냉철함에 이르고 아킬레우스의 분노는 살인의 황홀로 치달아 제각기 진정한 의미를 찾는다. 이 의미에 비추어 아킬레우스와 헥토르의 운명은 투쟁, 죽음, 불멸을 통하여 공고하게 결속한다. 이야기는 성벽과 국경만을 보여주지만 시는 갈등을 넘어 이 무자비한 대결에 소환된 두 인물을 드높이는 신비로운 예정설prédestination을 발견한다. 호메로스는 오직 시에게만 회복을 요구한다. 시는 정복당한 아름다움에서 이야기에는 금지된 정의의 비밀을 가져온다. 오직 시만이 이 탁한 세상에 자부심을 돌려줄 수 있다. 자부심이라는 것이 승자의 교만, 패자의 침묵으로 혼탁해졌기에. 다른 사람들은 제우스를 몰아세우며 어떻게 "악인들과 선인들을 한 줄에 세우고, 영혼이 정의로 향해 있는 자들과 타락을 좇는 자들이 서로 싸우도록"* 할 수 있느냐면서 놀라워한다. 호메로스는 놀라워하지도 않고 분개하지도 않으며 어떤 대답을 기대하지도 않는다. 『일리아스』에서 착한 자들은 어디 있는가? 못된 자들은 어디 있는가? 여기서 볼 수 있는 것은 고통에 빠진 사람들, 맞붙어 싸우고 승리하거나 패배하는 전사들뿐이다. 정의에 대한 요구도 냉정한 필연의 무릎에 쏟아내는 눈물과 애원의 속삭임에 불과하다. 정의에 대한 사랑은 정의에 애도

---

* 『신통기(神統記)』의 이 대목은 『구약성서』의 선지자 하바꾹의 말과 비교해볼 만하다. "주께서는 눈이 맑으시어 남을 못살게 구는 못된 자들을 그대로 보아 넘기지 않으시면서 어찌 배신자들은 못 본 체하십니까? 나쁜 자들이 착한 사람을 때려잡는데 잠자코 계십니까?"(『하바꾹』 1장 13절) — 저자

를 바침으로써, 침묵의 고백을 통해서만 표현된다. 힘을 단죄하거나 정죄(淨罪)하는 것은 생 자체를 단죄하거나 정죄하는 것이다. 그리고 『일리아스』에서 생은 (성경이나 『전쟁과 평화』에서도 그렇듯) 본질적으로 생명체가 평가하거나 측정할 수 없는 것, 죄를 묻거나 정당화할 수 없는 것이다. 생의 자기평가는 결코 그것을 말로 표현할 수 없다는 의식 안에 머물러 있다. 실존에 불가분한 이 유연한 받아들임은 스토아주의의 과시와 거리가 한참 멀다.

『일리아스』의 철학, 이 쓰라린 경험의 소산은 원한을 배척한다. 원한은 무엇보다 자연과 실존의 결별이다. 여기서 전체는 부서진 조각들을 이성의 힘으로 그럭저럭 맞붙여놓은 조립이 아니라, 모든 구성 요소들의 상호 관통이라는 능동적 원칙이다. 불가피한 것의 전개는 인간의 마음과 우주를 동시에 극장으로 삼는다. 이야기의 영원한 실명(失明)과는 대조적으로, 시인의 창조적 혜안은 신보다 더 신적이고 인간보다 더 인간적인 영웅들을 후대 사람들에게 가리켜 보여준다.

II
테티스와 아킬레우스

테티스와 아킬레우스가 서로에게 느끼는 애착을 묘사할 때의 호메로스만큼 정다우면서도 명철하고 섬세하면서도 정확한 작가가 있었던가? 혈기와 열광이 넘치고 언제나 행동과 권태에 취해 있는 이 영웅의 어머니는 여신, 가벼운 발의 네레이스*다. 테티스는 아킬레우스를 차분함으로 감쌌다. 바다 밑 동굴 속에서 그녀는 늙은 부친 곁에 머물며 늘 자기 아들을 돌보았다. "바다의 심연 속에서든" 올림포스산 꼭대기에서든, 테티스는 아킬레우스를 격려하거나 달랠 일이 있으면 언제고 그에게 달려 갔다. 불안한 애정은 인간적 고뇌를 가르쳐주었기에 그녀는 불멸의 존재라는 자신의 처지마저 멸시하게 되었다. 지상의 존재인—힘으로는 반신半神이요, 사납고 거칠기로는 반수半獸인—아킬레우스를 키우면서 테티스 자신도 지상에 가까워졌기에 죽음을 더 크게 아파하

* 바다의 신 네레우스와 도리스 사이에서 태어난 50명의 딸을 가리키는 단어.

고 더 잘 예감하게 되었다.

"여신들 중에서도 고귀한 그녀가 제우스의 부름을 받아 검푸른 베일을 쓰고—일찍이 어떠한 옷도 그보다 검지는 않았으리라—나서자 바다의 높은 물결이 주위로 갈라졌다." 신들은 테티스를 좋아했기에 호의적으로 맞이했다. 아테나는 자신이 으레 앉는, 아버지 제우스 옆자리를 양보했다. 헤파이스토스는 테티스가 바라는 것은 무엇이든 신속하게 들어주었다. 그러나 테티스는 올림포스의 신들에게서 달아났다. 필멸의 운명을 지닌 아들로 인해 언제나 눈물 흘리며 "밤이든 낮이든 아들을 돕기 위해 날아갈 채비가 되어 있는" 그녀는 신들의 무사태평함을 두려워한다. 그러한 무사태평함이 그녀의 "잊을 수 없는 애도의 슬픔"에는 상처가 될 테니까. 그래서 테티스는 그들과 어울려 지내는 데 반감을 느낀다. 그녀는 제우스가 인간 펠레우스에게 여신인 자신을 아내로 주었던 치욕을 잊지 않았다. 늙고 성마른 인간은 젊은 여신에게 부담이었다. 또한 테티스는 펠레우스의 아내라기보다는 바다의 딸이자 아킬레우스의 어머니였다. 이중의 씁쓸함은 이 사랑이 서서히 희미해지지 않도록 지켜주었고 이 사랑을 통하여 그녀의 신적이면서도 인간적인 본성이 성취되었다. 테티스를 우주의 힘과 인간의 정념에 동시에 연결하는 이 이중의 유대는 이 인물 안에서 우화와 실존이 맞닿게 한다.

테티스에게는 아기를 돌보느라 세상에서 고립된 젊은 어머니의 청신함이 남아 있다. 파도의 궁전에 숨어 지내는 이 네레이스는 자기 아들을 얼마나 잘 알았던가. 그 아들을 앗아갈 불행에 대한 강박이 그녀의 사랑에 어떤 혜안을 더해주었던가. 어머니는 아들이 목숨을 잃을까 봐 떨었지만 아들이 트로이인들에게 벌을 내리겠다고 결심했을 때 그의 마음을 돌리려 애쓰지 않았다.

"저에 대한 모정이 아무리 깊다 해도 저를 싸움에서 멀리 떼어놓으려 하지 마십시오." 그래서 테티스는 쓸모없는 눈물과 탄식으로 힘을 빼지 않았다. 그녀는 아들이 복수보다 고귀한 목표를 두고 행동하기로 결심하고 원한의 되새김질에서 벗어났다는 데 만족했다. "지칠 대로 지친 전우들을 죽음의 구렁에서 구해내는 것은 결코 부끄러운 일이 아니란다." 테티스는 아들을 나무라기는커녕 든든하게 지지하고 제우스 앞에서도 아킬레우스를 옹호한다. 그녀는 아들에게 헤파이스토스에게 부탁하여 새로운 무구武具를 만들어올 때까지 기다려달라고만 한다. 제우스도 미쳐 날뛰는 아킬레우스가 이성을 되찾고 헥토르의 시신을 프리아모스에게 돌려주기 위해 부르는 사람도 이 어머니 테티스다. 이때도 테티스는 아들을 다정하게 위로하며 "곁에 바짝 붙어 손으로 쓰다듬고 그를 온갖 애칭으로 부르며 말했다." 아킬레우스는 어머니가 전하는 신들의 명령에 복종할 수밖에 없다. 길들일 수 없는 자가 길들었다. 아킬레우스는 복종을 통하여 자신에게서 떠났던 평온을 일순간이나마 되찾는다.

헥토르가 자신의 "존경스러운 어머니", 따분하고 엄숙한 헤카베에게 보이는 존중은 다분히 관습적인 반면, 아킬레우스가 테티스에게 아들로서 느끼는 애착은 진실하고 자연스러우면서 열렬하다. 헥토르에게는 안드로마케가 있다. 아킬레우스에게는 아름다운 여자 포로들밖에 없다. 그녀들은 슬피 울면서 그의 명령을 따르고 "파트로클로스를 위하여 우는 듯 보였으나 속으로는 자기 팔자가 서글퍼 울었다." 아트레우스가의 아가멤논은 아킬레우스의 "명예로운 몫" 브리세이스를 빼앗음으로써 그의 애정보다는 자존심에 손상을 입혔다. 파트로클로스를 제외하면 아킬레우스가 진심으로 소중히 여기는 존재는 머리를 곱게 땋은 테티스, 이 불멸의 젊은 어머니뿐이다. 아킬레우스는 어머니 옆에서만 긴장을 풀고 보호와 위안을 필요로 하는 인간적인 모습으로 돌아올 수 있다. 테티스는 승승장구하는 영웅의 어머니라고 결코 뽐내는 법이 없고 언제나 죽음에 가까워지는 아들로 인해 고통받는 어머니다.* 테티스의 현존은 아킬레우스를 좀 더 인간적인 비례와 균형으로 나타내어 이 영웅이 신화에 매몰되지 않게 한다. 과장과 강조는 모조리 사라진다. 우리는 이 강인한 영웅에게서 좌절 어린 울부짖음만 듣는다. 테티스는 그를 "포도밭 언덕의 어린 초목처럼" 길렀지만 약점 없는 존재로 만들지는 못했다. 그렇기 때문에 아킬레우스는 우리의 마음에 와닿는다. 어쩌면 헥토르의 운명보다도 가혹한 운명이 그를 불행에 못 박아 놓은 것이다. 그는 불의에 바쳐진 자다. 아킬레우스는 불의를 가할 것이냐 당할 것이냐만 선택할 수 있다.

마지막으로, 호메로스는 존재들의 심원한 본성을 그들의 행위가 아니라 사랑의 방식, 사랑의 선택을 통해서 드러낸다. 헥토르는 사랑함으로써 전부를 잊는다. 아킬레우스는 파트로클로스를 순수하게 정화된 자기 자신의 반영으로서 사랑했고,** 테티스를 자기 혈통의 신성한 기원으로서 사랑했다. 전쟁과 증오가 가장 치열한 때에, 친밀한 두 존재는 위협 속에서도 순수하고 강력한 의리를 꽃피운다. 헥토르와 안드로마케의 사랑이 그렇고, 아킬레우스와 테티스의 정이 그렇다. 어린 뤼카온을 무참히 살해한 자는 연민이나 인간다움이라고는 없지만 그럼에도 테티스의 아

---

* 호메로스가 우리에게 남겨준 이 고통에 잠긴 순결한 어머니의 이미지에서 성모 숭배의 뿌리 깊은 근원을 발견하지 말라는 법은 없을 것이다. ─저자
** 파트로클로스는 『일리아스』에서 유일하게 개성이 거의 드러나지 않는 인물이다. ─저자

들이다. 어머니의 혈통 덕분에 그에게는 폭력을 행사하는 와중에도 우아함이 있고 예측 밖의 너그러움이 있다. 아킬레우스에게는 저열함이 없다. 이 순수한 힘은 충분히 강성하기에 거짓을 멸시하고 계책을 거절할 수 있다. 이 힘은 살해하되 품위를 떨어뜨리지 않고 만족에 빠져 스스로 비천해지지도 않는다. 인간이자 신이라는 아킬레우스의 이중적 본성은 내면의 충돌이나 부조화를 낳지 않는다. 그는 신이면서도 다른 신들의 전능과 불멸을 부러워할 수밖에 없고, 인간으로서는 야수들의 잔혹함을 부러워하며 자신도 적의 시신을 갈가리 찢어 날것 그대로 먹어 치우기 원한다. 신들린 듯 공격성을 마구 분출하면서 자신을 다 쏟아내는 데 취할 뿐, 희생정신이나 책임감이 들어설 여지는 없다. 아킬레우스는 뮈르미돈족을 거느리지만 왕보다는 패거리의 대장에 가깝고 자기 백성의 안위를 별로 신경 쓰지 않는다. 그는 운명이 서로 다른 두 길로 "자신을 죽음에 데려갈" 수 있다는 것을 안다. 그는 가파르게 올라가 낭떠러지에서 뚝 끊어지는 길을 선택했다. 그는 트로이인들에게 참패를 안기고 파트로클로스의 복수를 할 수만 있다면, 벗들과 적들을 동시에 떨게 할 수만 있다면 두 번 다시 고향, 자기 아버지, 자기 아들 네오프톨레모스를 보지 못한다 해도 개의치 않는다. 우리에게 숨돌릴 겨를을 주지 않는 것은 아킬레우스의 영웅성이 아니라 그의 불만, 그의 기막힌 배은망덕이 아니던가. 아킬레우스는 전쟁이라는 게임, 지나치게 풍족한 도시들을 약탈하는 즐거움, "인간의 가슴속에서 타오를 때는 뚝뚝 떨어지는 꿀보다 더 달콤한" 분노의 쾌감, 무익한 승리들의 찬란함, 정신 나간 계획들이다. 아킬레우스가 없다면 인류는 평화를 얻을 것이다. 아킬레우스가 없다면 인류는 지구가 다시 냉각될 때까지 바싹 오그라들고 권태로 마비되어 잠들 것이다.

Ⅲ

헬레네

호메로스는 자신의 시에서 성애적 숙명을 구현하는 이 인물을 더 없이 준엄하고 금욕적인 모습으로 그렸다. 『일리아스』에서 헬레네는 언제나 흰색의 긴 베일을 두르고 통회痛悔하는 여인으로 도처에 등장한다. 완벽한 불행, 완벽한 미모는 그의 거동에 위엄을 더해준다. 세상에서 물러난 이 왕족 여인보다 더 자유롭지 못한 이는 없다. 마음속으로 압제가 끝나기를 기다리는 노예보다도 자유롭지 못한 신세다. 헬레네가 신들의 죽음을 바랄 수 있는가? 인간들이 아니라 신들이 그녀를 노예보다 못하게 만들지 않았는가. 그녀의 팔자는 전쟁이 끝나고 말고와 상관없다. 그녀를 차지하는 사내가 파리스가 되든 메넬라오스가 되든 헬레네에게 달라질 것은 없다. 헬레네의 수동성은 그녀의 아름다움이 일깨운 정념들의 이면처럼 보인다. 그 정념들이 그녀를 포로 신세로 전락시켰다. 아프로디테가 명령했기에 헬레네는 아무리 반감이 들어도 복종해야 했다. 여신이 그녀에게서 기쁨을 빼앗았고 그로써 치욕은 더욱 가혹해졌다. 그녀가 할 수 있는 것이라고는 분노를 신들에게 풀 수 없으니 자기 자신에게 돌리는 것뿐이다. 헬레네는 자기 자신을 끔찍하게 생각하면서 사는 듯 보인다. "내가 진작 죽었더라면"이 그녀의 입에 가장 자주 오르내리는 탄식이다. 호메로스가 헬레네에게 가차 없기로는 톨스토이가 안나 카레니나에게 가차 없는 것과 비슷하다. 두 여자 모두 과거를 지우고 순수한 사랑을 꾸려나가겠다는 희망을 품고 도망쳤다. 유배 비슷한 생활 속에서 정신을 차리고 보니 꿈, 황홀, 삶의 극치처럼 보였던 것이 이제 혐오스럽기만 하다. 해방의 약속은 예속으로 변해버렸다. 사랑은 이제 사랑이 아니라 훨씬 혹독하고 오래된 어떤 법에 복종한다. 아름다움과 죽음은 그것들이 기묘하게 가까이 붙어 있는 왕국에서 힘의 필연에 비견할 만한 필연을 만들어낸다. 그리고 이 필연은 기껏 맞서봤자 흉내뿐인 저항이기에 더욱더 강압적이다. 헬레네는 트로이의 왕궁에서, 안나는 열차 앞으로 투신하게 될 기차역에서, 자기들의 망가진 꿈을 직시하지만 비난할 상대는 비정한 아프로디테에게 속아 넘어갔던 자기 자신밖에 없다. 이 여성들이 아낌없이 내어준 것은 부메랑이 되어 돌아왔다. 그들의 아름다움이 닿은 것은 전부 시커멓게 타버리거나 돌처럼 굳어졌다. 톨스토이는 자신의 여주인공을 자살로 몰아감으로써 그리스도교를 넘어 호메로스와 비극 시인들에게 합류한다. 여기서 과오는 인간에게 숙명이 드리운 함정이요, 과오와 그것이 불러일으킨 불행은 구분되지 않는다. 견디고, 대가를 치르고, 복구를 하려면 자기 자신의 목숨을 내놓아야 한다. 클뤼타임네스트라*

---

* 아가멤논의 아내. 남편을 살해했으나 자신도 아들 오레스테스와 딸 엘렉트라에게 살해당했다.

도, 오레스테스도, 오이디푸스도 그들의 존재 자체와 한 덩어리가 되어 있는 죄를 벗어나서는 존재하지 않는다. 훗날 오뒷세우스의 후계자들인 철학자들은 비극의 울타리 안에 변증법이라는 트로이의 목마를 들여놓을 것이고 그로써 과오의 책임을 개인에게 돌릴 것이다. 하지만 호메로스의 경우에는 처벌과 속죄가 책임을 고정시키지 않고 오히려 인간의 비참, 생성에 대한 막연한 죄책감 속에 와해시켜버린다. 결함 많은 세상에서는 과오가 죄의 의미를 띠지 않는다. 양심의 가책이나 은총은 아직 등장하지 않았다. 막연한 죄의식이라는 그리스적 개념에 대한 호메로스와 비극시인들의 표상은 원죄原罪라는 그리스도교의 개념과 정확히 일치한다. 이 개념은 동일한 현실을 자양분 삼고, 동일한 경험의 무게를 지니며, 실존에 대한 동일한 평가를 포함한다. 그러한 죄의식은 분명히 타락이지만 이 타락은 날짜가 없다. (그리스도교의 원죄처럼) 죄 없는 상태가 선행함을 전제하지 않고, 이후에 어떤 대속이 이루어지는 것도 아니다. 창조적 생성은 영속적으로 죽음과 부조리에 떨어진다. 니체는 생성은 무죄라고 주장함으로써 그리스도교뿐만 아니라 고대 사상과도 거리를 두었다.* 니체가 정당화를 꾀하는 자리에서 호메로스는 그저 관조하며 영웅의 탄식이 울려 퍼지게 내버려 둔다. 잘못을 저지른 신들에게만 과오의 최종적 책임이 있다지만 인간에게 과오가 없다는 의미는 결코 아니다. 『일리아스』에서 책임을 다른 데로 돌릴 수 없다는 이 환원 불가능성을 강조하지 않는 페이지가 단 하나도 없다. 욥이 병석에서 그랬듯이 헬레네는 트로이의 성벽 위에서 우리의 무력함을 안

---

* 이러한 계통이 역설적으로 보일 수도 있는 이유는 생성의 순수성에 대한 니체의 신비주의가 루소와 일부 낭만주의자들에 연결되기 때문이다. — 저자

심시키는 자기변호와 자책을 윤리의 문턱에 세운다. 헬레네에게서 순수와 죄의식은 한데 뒤섞인다. 그리고 그녀의 발아래 평원에 흩어져 있는 전사들의 드넓은 마음속에서도 한데 뒤섞인다.

이렇듯 일리오스에서 헬레네는 자신의 불운과 침울한 겸손을 질질 끌고 다니면서도 신들에 대한 반항을 누그러뜨리지 않는다.* 하지만 그녀를 함정으로 유인한 장본인은 아프로디테라기보다 소아시아의 여신 아스타르테가 아닌가? 이렇게 볼 때 헬레네의 운명은 그리스의 운명을 미리 나타내어 보인다. 트로이 전쟁부터 알렉산드로스 대왕의 정복에 이르기까지, 동방의 어마어마한 매혹을 때로는 밀어내고 때로는 그 매력에 속수무책으로 당하는 운명 말이다. 아르고스의 헬레네가 파리스의 호화로운 궁에서 그리워하는 것은 길들일 수 없는 북구 야만족의 혈통을 이어받은 금발의 아카이아인, 저 교만한 메넬라오스가 아니라 거칠고 순수한 고향 땅, 익숙한 도시, 그녀가 귀여워했던 어린아이다. 고향 아닌 다른 곳은 전부 그녀에게 유배지 같다.

아프로디테의 보호를 받는 그 나약한 사내 때문에 그녀는 얼마나 지치고 상처 입었던가. "신들께서 우리에게 이렇게 불행을 정하신 바에는, 나는 적어도 반항심은 느낄 줄 아는 남자의 아내가 되었어야 하지 않을까요?" 이 적대적인 트로이에 유배당한 채, 권태에 짓눌려 의기소침해진 헬레네는 프리아모스의 아들들 가운데 가장 남자답고 가장 그리스적이며 가장 덜 동양적인 헥토르에게만 매달린다. 이 애착에는 다정함이 깃들어 있다. 헥토르는 모두가 가증스러워하는 이 이방 여인을 유일하게 옹호해주

---

* 헬레네나 오이디푸스의 제왕적 겸손은 고대 사상의 양식이 그리스도교의 양식과 가장 뚜렷이 구분되는 지점일 것이다. ─저자

는 사람이다. 다들 트로이에 들러붙은 숙명을 상징하는 이 여인을 용서하지 않는데 말이다. 헬레네는 죄가 없지만 그러한 지탄의 무게를 잘 알거니와 자신이 짓지도 않은 죄에 응당한 벌을 기꺼이 받으려는 듯 보인다. 그녀는 자기에게 연민을 보여주되 정욕을 품고 치근대지 않는 유일한 존재에게 더욱더 고마워할 수밖에 없다. 헥토르가 파리스를 꾸짖으러 왔을 때 헬레네는 이 시아주버니에게 닥칠 위험을 걱정하며 오직 그에게만 다정한 말을 건넨다. "어쨌든 지금은 들어오셔서 이 자리에 앉으세요. 시아주버니야말로 암캐처럼 염치를 모르는 저와 알렉산드로스의 미친 짓 때문에 마음에 근심이 많으시니까요. 제우스께서 우리에게 비참한 운명을 정해주셨으니 후대 사람들도 우리에 대해서 노래를 할 테지요." 이 말은 헬레네와 헥토르를 동기간에나 있을 법한, 아니 그 이상의 공모의식으로 정해지지 않은 미래에 대하여 한데 연결한다. 존재들 사이의 진정한 관계에 대한 예리한 직관, 그리고 비결을 알아내지 못한 친밀함의 표현으로 호메로스는 우애 어린 정을 폭로하지 않되 드러내 보인다. 이 우애가 적어도 헬레네에게는 더 깊은 감정을 보호하는 겉모습이었다.

 헥토르의 시신 앞에서 곡을 할 때 헬레네의 탄식은 가장 마지막에 울려 퍼질 것이다. 그 울음이 『일리아스』의 마지막 장을 연민의 순수하고 안타까운 빛으로 물들인다. "제가 고향을 떠나온 지도 벌써 스무 해가 되었건만 시아주버니에게 못된 말이나 모욕적인 말을 들어본 적이 없습니다. (…) 그래서 저는 비통한 마음으로 시아주버니를 위하여, 또 그만큼이나 저 자신을 위하여 눈물 흘립니다. 이제 이 넓은 트로이 땅에서 저를 상냥하고 친절하게 대해줄 이는 아무도 없고 다들 저를 보고 몸서리를 칠 뿐이니까요." 그렇지만 이것은 가해자들의 손에 내맡겨진 채 모욕당하는 존재의 비탄이 아니다. 그보다는 신들에게 놀아나는 필멸자의 낙담이라고나 할까. 신들은 헬레네에게 눈부신 매력을 넘치도록 채워주었지만 그로써 그 매력이 보장할 법한 기쁨은 더 크게 좌절되었다. 누가 승자가 되든, 헬레네는 "무자비한 주인의 감시를 받으며" 노예의 일을 하게 될까 봐 두려워할 필요가 없다. 그런 점에서 그녀는 안드로마케나 트로이의 공주들과는 다르다. 타향살이를 20년이나 했는데도 헬레네는 여전히 전쟁에 걸려 있는 목적이자 승자가 차지할 보상이다. 헬레네는 비참의 극치에서까지 위엄을 지키고, 이 위엄이 세상을 저만치 떨어뜨려놓고 죽음과 노화를 후퇴시킨다. 여인들 가운데 가장 아름다운 이는 어떻게 보더라도 그 운명 또한 찬란할 것 같았다. 그러나 신들은 그녀를 그녀 자신의 불행, 그리고 두 민족의 불행을 완성하기 위해 선택했을 뿐이다. 여기서 미모는 행복을 약속하기는커녕 저주처럼 헬레네를 짓누른다. 하지만 그와 동시에 미모는 헬레네를 고립시키고, 드높이며, 능욕을 막아준다. 여기서 아름다움의 신성함―이 용어의 근원적인 애매한 의미로―이 비롯된다. 아름다움은 생기를 불어넣고 고양하지만 그와 동시에 불길하고 두렵다. 두 나라 군대가 서로 차지하려 다투는 헬레네는 메넬라오스의 것도 아니고 파리스의 것도 아니다. 그녀는 트로이인들에게 속하지 않고 아카이아인들에게도 속하지 않는다. 아름다움은 주어질 때조차 자기 자신에게만 속한다. 아름다움은 자신을 만든 자, 자신을 관조하거나 욕망하는 자에게서도 달아난다. 호메로스는 아름다움에 힘의 준엄성을 부여하고 숙명과 같은 부류로 묶는다. 아름다움은, 마치 힘이 그렇듯이, 정복하고 파괴한다―풀어주고 해방한다. 인생의 부침은 우연이 아니라 심오한 필연이다. 그 필연에 의해 헬레네는 전쟁의 명분이자 목표가 되었고, 아름다움의 현현을 분노의 촉발과 연결한다. 전사들의 곁에서, 그들을 내려다보는 헬레네는 침착하고 씁쓸하다. 침착성과 통한은 전투에서 다시 태어나고 승자와 패자, 산 자와 죽은 자에게 다 같이 그늘을 드리운다. 힘은 생성의 우연성 속에서 마모되고 시들어가지만—파리스의 화살로도 아킬레우스의 놀라운 힘을 단번에 꺾기에는 충분했다—아름다움만이 모든 우연성을, 심지어 자신의 성취를 지배하는 우연성까지도 완성한다. 레다의 딸 헬레네의 기원은 우화 속에 사라지고 그녀의 마지막은 전설 속에 사라진다. 불멸의 가상假象이 존재의 세계를 보호하고 유지한다.

호메로스는 아름다움을 상세히 묘사하기를 삼간다. 마치 그러한 묘사가 불경을 저지르기라도 하는 것처럼 말이다. 지복至福을 함부로 예측해서는 안 된다. 우리는 헬레네의 눈동자 색깔, 테티스의 땋은 머리 색깔, 안드로마케의 어깨선이 어땠는지 모른다. 특수성이나 독보적 성질은 하나도 언급되지 않는다. 그렇지만 우리는 이 존재들을 보고 그들을 알아볼 수 있을 것이다. 우리는 그들을 혼동하지 않을 것이다. 호메로스는 어떤 보이지 않는 수단을 써서 인물들의 조형적 현실감을 이렇게 전달할 수 있었을까? 헬레네의 변질되지 않는 아름다움은 생에서 시로, 육체에서 대리석 조각상으로 넘어가면서도 그 감동을 잃지 않았다. 그러나 이 조각상의 입에서 인간적인 탄식이 새어 나오고 이 텅 빈 눈에서 "다정한 울음"이 솟아난다. 헬레네가 파리스와 메넬라오스의 전투를 지켜보기 위해 트로이의 성벽에 올라갈 때 그 우아하고 생기 넘치는 걸음걸이, 늘어뜨린 베일이 느껴지는 것 같다. 스카이아이 문 옆에서 트로이의 노장들은 회의를 한다. 헬레네를 본 순간, "훌륭한 달변가들"이 모두 그녀에게 사로잡혀 입을 다문다. 그녀를 아름답다고 생각하지 않을 수는 없다. 그들에게는 그 아름다움이 사악한 전조처럼, 죽음의 위협처럼 두렵기만 하다. "저 여인을 직접 보니 과연 불멸의 여신을 닮았구려. (…) 하지만 아무리 아름다운 여인이라 해도 함선을 떠났으면 좋겠소. 저 여인이 이곳에 남아 우리와 우리 후손들에게 재앙이 되지는 않기를 바라오." 여기서는 예외적으로 호메로스가 프리아모스의 입을 빌려 큰 소리로 그녀를 정당화하고 아름다움은 결백하다고, 인간들의 불행에 그녀는 아무 죄가 없다고 말한다. "내가 보기에 너는 아무 잘못이 없다. 잘못은 다 신들에게 있다. 신들이 이 눈물의 원천인 전쟁과 아카이아인들을 보냈으니 말이다." 인간들은 번민으로 말라죽어가고 진짜 잘못한 자들은 "모든 근심에서 벗어나 있는" 신들이다. 아름다움을 파괴적 숙명으로 둔갑시킨 저주는 인간의 마음에서 비롯되지 않았다. 생성의 막연한 죄의식은 유일한 죄로 압축된다. 호메로스가 유일하게 대놓고 비난하고 낙인을 찍는 그 죄는 신들의 근심 걱정을 모르는 행복이다.

그다음 장면은 별처럼 초연하면서도 인간적인 면이 남아 있다. 프리아모스는 헬레네에게 적진에 보이는 아카이아의 유명한 장수들 이름을 알려달라고 한다. 차분해진 전쟁터, 서로 몇 보 거리에 두 군대가 마주 보고 서서 전쟁의 승패를 결정할 단판싸움을 기다린다. 이 대목, 『일리아스』의 정점에서 이 대목은 일시적 중지, 관조의 순간 중 하나다. 여기서 생성의 매혹은 그치고 격렬하기 그지없는 행동의 세계가 고요함 속으로 가라앉는다. 전사들이 미쳐 날뛰던 평원이 헬레네와 늙은 왕의 눈에는 평온한 정경으로 비칠 뿐이다.

아마도 니체가 바라고 엿보았던 것이 여기 있지 않을까? 생 위에 있으나 결코 생에서 멀리 있지 않은 미와 지혜의 대화 말이다. 그는 "괴로움에 떠밀리고 압박당하고 강제당하고 쫓기면서" 주위의 모든 것이 "낯설고 고독한" 이 꼭대기에 이르러 헬레네(혹은 아리아드네)의 도달할 수 없는 드높은 시각으로 푸른 하늘을 바라본다.

그렇지만 아무것도 할 수 없는 헬레네는 자기를 차지하기 위해 싸우러 오는 인간들을 관조한다. 그 이유는—우리의 경제학자들이 주장하는 바와는 정반대로—판로, 원자재, 비옥한 땅, 보물을 두고 겨루는 나라들도 실상은 항상 그 무엇보다 헬레네를 차지하려 싸우는 것이기 때문이다. 호메로스는 거짓말하지 않았다.

IV
신들의 희극

『일리아스』에 희극은 전혀 부족하지 않다. 심지어 유머도 있다. 올륌포스의 신들이 희극의 소재를 제공한다. 제우스의 궁정은 여기서 『전쟁과 평화』의 사교계와 알렉산드르 1세의 측근들 비슷한 역할을 한다. 행운 덕에 공통의 팔자를 면제받은 존재들의 절대적 무의미가, 이 신들에게서 호화롭고 장식적인 위엄의 경지에 이르렀다. 이 '진지함'의 부재는 (여기서 '진지함'은 결코 '묵직함'의 동의어가 아니다) 호메로스에게서나 톨스토이에게서나 인간 이하를 의미하고, 바로 이것이 『일리아스』의 신들과 『전쟁과 평화』의 사교계 사람들을 완벽히 희극적 인물들로 만든다. 그들은 모든 것의 원인이지만 아무것도 책임지지 않는다. 아무것도 저지르지 않았는데 모든 것을 책임지는 서사시의 영웅들과는 정반대다. 신들은 일단 자기 자신도 책임지지 않는다. 개인이 숙명에 맞서 자기주장을 펴지 못하는 곳에서는 책임을 어디에 돌려야 할지 알 수 없다. 책임은 모순의 승리를 승인하는 신들의 웃음 속에 흩어진다. 그로써 신들은 순수의 범주와 죄의 범주를 동시에 벗어난다. 선동 분자, 영리한 선전가, 열혈 투사 들인 그들은 직접 전쟁을 하지는 않지만 살육의 냄새, 비극적 정념들이 부딪치는 소리를 싫어하지 않는다. 그들은 영원히 안전하기에 치정과 전쟁이 없으면 심심해 죽을 것이다. 그들을 좋아하지 않는 아폴론은 이렇게 외친다. "신들이여, 당신들은 잔인하고 악의적이구려."

호메로스의 작품에서 그러한 불경은 연민에 대한 존중을 손상시키지 않는다. 도시를 수호신과 이어주는 맹약은 지속되는 생의 양식 자체를 구현하는 전통을 신성시한다. 생성에서 연속성의 비결을 뽑아내는 전통만이 사람의 마음에 본질적이고 난공불락이다. 오직 그러한 전통만이 구속에 매혹을 더하고 구속을 매혹으로 삼는다. 신상神像이 무너져도 받침돌은 남는다. 『일리아스』의 영웅들이 제우스에게 불만이 있을 때 "크로노스의 고약한 아들"이라고 악담을 퍼붓더라도 이것은 결코 신성모독이 아니다. 게다가 제우스도 이 떠들썩한 짓거리에 화를 내지도 않는다. 도시의 우두머리들이 그들의 가정, 그들의 회의, 그들의 전쟁에 맞아들인 신들을 비난했던 이유는, 신들이 잘 먹고 잘살기 때문이다. 올림포스의 신들은 생명 없는 숭배의 차가운 공경으로 근근이 사는 게 아니라 풍족한 제물을 받아 누린다.

그리스인들이 신들에게 경건하게 청원한 것은 사랑이 아니라 호의였다. 과잉의 고통과 극단의 부정을 통하여 균형에 이르고자 하는 인간적 노력을 용인받고 싶었다고나 할까. 인간과 신의 관계에 사랑은 부재하지만 이따금 우정이 자리 잡기도 한다. 아폴론과 헥토르 사이에는 존중, 상호신뢰, 친숙함과 거리 감각, 찬탄의 행복과 가르치는 행복, 서로 주고받는 기쁨이 있었다. 그들이 빚어내는 조화는 훗날 소크라테스나 플라톤 같은 위대한 스승이 제자들에게 영감을 주고 애착을 쌓게 되는 관계성과 다분히 흡사하다.* 전통적 연민에서 벗어나 있는 이 특별한 우정을 제외하면, 인간들과 신들 사이에는 형편에 따른 이해관계가 전부다. 궁정과 거물들의 벽에 둘러싸인 세상과 전쟁과 전사들의 노출된 세상을 연결하는 관계 역시 그렇다.

제우스와 헤라의 반목과 화해, 헤라가 아프로디테의 마법 띠를 두르고 남편을 속여 유혹하는 장면, 그리고 제우스가 잠에서 깨어나 아내의 속임수를 알아차리고 올림포스산 꼭대기에서 그녀를 떨어뜨리고 허공에 매달겠다고 협박하는 장면은 그야말로 오페레타가 따로 없다. 하지만 여기서도 인간적 진실은 이 부부의 희극을 좀 더 실질적으로 와닿는 현실의 차원에 위치시킨다. 크고 맹한 눈의 헤라는 악의적이라기보다는 바보스러운 고집쟁이다. 그녀는 가엾은 제우스를 괴롭히는 재주만은 출중해서 언제나 그를 신경전에 끌어들이고 자기가 승리를 거머쥔다. 아프로디테는 황홀하게 아름답고, 경박한 것이 약점이지만 미소와 금발의 변덕은 그렇게까지 무방비하지 않다. 남자 같은 근육의 여전사 팔라스 아테나는 배신에 능하고 전쟁의 신 아레스까지 쥐락펴락하고 땅바닥에 쓰러뜨릴 수 있다. 이 살벌한 여신은 오랫동안 노여움을 속에 담고 원한을 삭이며 서서히 복수를 꾸밀 줄

---

* 아폴론은 신들보다 인간들을 더 가까이하면서도 홀로 침착하기에 올림포스의 요란스러운 신들보다 훨씬 더 신다운 면모가 있다. 아폴론은 헥토르의 벗이자 수호자이고 호메로스의 스승이기도 하다. 그는 파르카(운명의 여신들)가 "고통을 겪기 쉬운 마음"으로 빚어낸 인간들에게 연민을 품고 있다. 그는 숙명을 외면하고 은빛 활을 집어 들어 침착하게 우리의 모든 재앙 너머 검은 하늘 속, 우리의 흐려진 눈으로는 감히 그 빛을 감당할 수 없는 찬란한 목표물을 겨냥한다. ─저자

IV 신들의 희극

안다. 파리스의 심판으로 마음이 크게 상했거나 득의만면했던 이 세 여신은 각자의 방식으로 안드로마케, 헬레네, 테티스가 상징하는 영원한 여성성의 비극적 순수와 대척점을 이룬다.

올림포스의 신들 중에서 제우스만은 훨씬 알찬 삶을 산다. 그도 소극笑劇 안에서 제 역할을 하고 어김없이 천둥을 울려대지만 그것이 다채로운 재미를 보지 못할 이유는 되지 않는다. 물론, 트로이의 패배에는 제우스도 마음이 썩 좋지 않다. 그러나 자신은 그저 올림포스 산자락에 가만히 앉아 있고 싶다고 말한다. "여기서 저들을 구경하는 일에 내 마음을 빼앗길 것이다." 제우스는 신들에게 중립을 지키라고 허울뿐인 명령을 내리고는 그들이 그 명령을 어기기만을 바란다. 그런 식으로 제우스는 신들이 인간들의 분쟁에 개입하는 것을 허용한다. 과연 신들은 앞다투어 끼어들고 신들의 왕은 "넓은 대지가 요란하게 울리고" "광대한 하늘이 전쟁의 나팔소리를 널리 퍼뜨리는" 동안 다른 신들의 싸움을 구경하면서 흐뭇하게 웃는다. 아테나는 (사납기 그지없이) 커다란 돌덩이로 아레스를 때려눕히고, 헤라는 소란스러운 아르테미스를 혼이 쏙 빠지게 두들겨 패고, 아킬레우스는 이 난투극을 이용하여 트로이인들을 순식간에 학살한다. "불타는 도시의 화염이 드넓은 하늘로 솟아올랐다." 그 광경은 제우스가 흡족해할 만한 것이었다. 이 관조하는 신은 심판관 역할을 하지 않는다. 그는 단지 깐깐한 관객으로서 비극의 법칙을 받아들인다. 희생을 바침으로써 풍요의 힘들이 속히 쇄신될 수 있도록, 가장 빼어나고 가장 고결한 자를 제물로 삼는다는 이 법칙 말이다. 제우스는 신들의 무리가 자기를 귀찮게 할 때면 전차를 몰고 샘물이 많은 이데산으로 건너가 그 산 정상에서 "홀로 자기 영광에 대한 자부심에 싸여" 트로이 성과 아카이아 함대를 관망한다.

크로노스의 아들의 환멸 어린 회의주의는 묘하게도 『전도서傳道書』와 비슷하다. 제우스는 신들이 죽을 수 있고 필멸자와 불멸자를 모두 다스리는 위대한 눈먼 신 앞에 자기도 복종해야 한다는 것을 모르지 않는다. 그의 눈은 숙명의 황금 저울에서 패배의 무게를 나타내는 재앙을 알아차리고도 돌이킬 수 없는 일이 완수되도록 내버려 둔다. 제우스는 자신이 더 좋아하는 쪽을 편들지 않는다. 그가 수호하는 일리오스마저도 헤라의 분노에 내어주지 않았는가? "일리오스의 인간들 가운데 가장 귀히 여기는 자" 헥토르도 아킬레우스가 죽이도록 내어주지 않았는가? 그는 이스라엘의 신처럼 개입해서 벌하거나 구하지도, 복수하거나 대속하지도 않는다. 제우스는 선과 악을 사심 없이 분배하고 배우에게 그가 연기해야 할 시나리오를 제안하는 선에서 그친다. "제우스의 땅에는 두 개의 항아리가 박혀 있는데 하나는 불행이, 다른 하나는 행복이 가득 들어 있으니 그것들을 제우스는 우리에게 선물로 주십니다." 뒤섞여 있는 행복과 불행에서 무엇을 끌어내느냐는 인간에게 달렸다.

관조자 제우스는 창조주 같은 힘 위의 힘이 아니다. 제우스는 힘에의 의지를 지배하는 의지 어린 힘이 아니다. 제우스의 힘은 장식적 외관, 그가 나타내긴 하지만 결코 구현하지는 않는 현실의 상징일 뿐이다. 호메로스는 자연보다 인간을 통해 힘을 신성시했다. 하지만 힘을 드높이더라도 어디까지나 한계와 끝이 있는 힘으로서, 용기를 통해 정점에 이르지만 결국 소멸할 수밖에 없는 에너지로서 그린다. 이 에너지는 자기가 원기를 불어넣은 완벽한 육체와 불가분의 관계에 있고 본질적으로 자기와 다르지 않은 우주적 힘의 영원한 작용에도 참여한다. 스카만드로스강은 인간적인 분노의 리듬을 따라 범람한다. 노여워하는 강의 신을 피해 영웅이 달아나는 장면은 넘치는 강물을 피해 떼 지어 도망가는 동물의 무리를 연상시킨다. 아킬레우스는 자연의 한 조각일 뿐이지만 현상들의 급류에 내던져진 실존에 자연 전체가 공명한다. 그리고 신으로 표현된 자연이든 인간으로 표현된 자연이든 간에 그것은 인간이 복된 소멸 속에 사라지는 이 거대한 전체가 아니다. 오히려 자연이 인간들의 투쟁에 참여한다. 하늘과 대지와 산과 강이 인간들의 갈등에 관심을 갖는다.*

오직 제우스만이 여기서 비켜나 있다. 그는 이스라엘의 하느님처럼 망치질로 역사의 모양을 잡지 않는다. 제우스는 역사를 힘의 비극들, 집단적 정념의 연극들이 벌어지는 장소로만 본다. 신의 정의를 알지 못하고 그러한 정의를 요구하지도 않는 상연의 주제라고나 할까. 관조의 세계의 신은 그 세계와 함께 새벽의 심연으로 가라앉을 것이다. 그렇지만 멀리서 벌어지는 일을 높은 곳에서 내려다보는 이 담담한 시선만으로도 트로이 전쟁은 유혈이 낭자한 접전과 부조리한 경쟁 아닌 다른 것이 된다. 이 전쟁에 어떤 의미가 생기고, 그 의미가 트로이 전쟁을 우주적 차원으로 되돌려놓는 동시에 사건들의 흐름에서 떼어내어 유일무이한 것으로 만든다. 관객 역할을 하는 신의 흥미 어린 관심은 실존에 형이상학적 기능을 부여한다. 신들이 영웅들과 함께 죽으면 어떠랴…. 시인의 노래만이 불멸을 누리며 아킬레우스의 어린애 같은

---

* 스카만드로스강의 신이 아킬레우스에게 분노를 발하는 장면은 『일리아스』에서 결코 가벼이 볼 대목이 아니다. 이 강력한 신은 트로이인들의 불행을 막기 위해 "검은 깃털 투구의" 아킬레우스에게 달려든다. 아킬레우스는 도망치다가 펄쩍 뛰어올라 나무를 붙잡고 버텼고, 다시 크게 뛰어올랐으나 발 디딜 곳이 없어졌다. 불굴의 아킬레우스조차 두려움, 떨림, 가차 없는 증오에 휩싸인다. 그는 계속 내몰리다가 결국 겁먹은 어린아이처럼 제우스에게 애원하게 된다. —저자

슬픔, 헥토르의 후회, 안드로마케의 눈물을 말해줄 것이다.

니체는 호메로스를 찬란한 영예의 시인이라고 했지만 실은 그 반대다. 호메로스가 고양하고 신성화했던 것은 의기충천한 힘의 승리가 아니라 불행에 처한 인간의 에너지, 죽은 전사의 아름다움, 희생당한 영웅의 영광, 후대에 전해질 시인의 노래다. 이 모든 것은 숙명에 패했으나 여전히 숙명에 도전하고 숙명을 뛰어넘는다. 이로써 호메로스의 영원성은 톨스토이의 영원성과 대립된다. 전자는 개인의 의지에 중심을 두는데 후자는 개체화라는 분열을 폐지하기 때문이다. 야스나야 폴랴나*의 창조자는 우리를 아시아로, 관조하는 이들과 성자들의 인도로 데려간다. 반면, 이오니아의 시인은 고대의 다신교를 통하여 우리를 그리스도교 서양의 날카로운 곳들로 향하게 한다.

---

*　톨스토이가 태어나고 살았던 곳.

V
트로이에서 모스크바까지

호메로스와 톨스토이의 공통점은 남성적인 호전성과 남성적인 전쟁 공포에 있다. 그들은 평화주의자도 아니고 호전론자도 아니다. 그들은 전쟁을 있는 그대로 알거니와 있는 그대로 이야기한다. 전쟁은 공격의 기쁨에서 분출하는 열렬한 인간다움과 일자一者*로의 회귀가 완성되는 희생의 초연성 사이를 영원히 오간다. 『일리아스』와 『전쟁과 평화』에서 전쟁을 명시적으로 죄악시하는 구절을 찾으려 해봐야 헛수고다. 전쟁은 하는 것, 당하는 것, 저주하거나 찬양하는 것이다. 운명을 심판할 수 없는 것과 마찬가지라고나 할까. 침묵만이—더 정확히는 말의 불가능성만이—답이다. 헥토르가 죽어가면서 아킬레우스에게 던지는 환멸 어린 시선, 혹은 안드레이 왕자가 자기 자신의 죽음 너머에 던지는

---

* 신플라톤주의는 현실세계의 이원론을 넘어 일자로부터 만물이 유출된다고 보았고 인간의 영혼은 정화되어 일자로 회귀해야 한다고 주장했다.

듯한 시선만이 답이다. 그들 곁에서, 그리고 그들이 죽은 후에도, 전쟁은 자신의 놀이에 들어오고 싶어 조바심 내는 젊은이들을 계속해서 끌어들였다. 전쟁은 젊음과 떨어지지 않는다. 자기가 꼬드기고 망가뜨릴 육신들과 떨어지지 않는다. "벌써 나의 혈기가 올라오누나, 나의 두 발이 박차고 도약하는구나." 진정되지 않는 것에는 상상력과 끔찍한 일만을 기억하는 기억력을 마비시켜서 망각을 촉진하는 힘이 있다. 하지만 전쟁은 상상력을 짓누르는 동시에 갑자기 조명을 바꾸어 기본적인 것을 훤히 드러내고 상상력을 자극하기도 한다. 서사시에서 전쟁은 자연을 능욕하는 분노의 리듬, 우주의 대격변을 절정까지 질질 끌고 가는 발작 같은 것이다. 『일리아스』의 이미지는 인간과 원소들의 야생적 형제애를 부활시킨다. 인간은 나무처럼 쓰러진다. 산에서 목수가 범선의 용골을 만들기 위해 방금 간 도끼로 내리친 떡갈나무가, 혹은 포플러나무나 늘씬한 소나무가 쓰러지듯이. 인간도 꼭 그렇게 전차와 말 앞에 쓰러진 채로 피에 젖은 흙을 움켜쥐면서 신음한다. 전쟁의 쩌렁쩌렁한 함성은 자연의 굉음 못지않게 하늘 높이 솟아오른다. "바다의 물결도 이렇듯 요란하게 육지를 향해 노호하지 않는다. 또한 숲을 태우려고 활활 타오르는 불길이 산골짜기에 일어났을 때도 그 소음이 이렇듯 요란하지는 않았다. (…) 그만큼 큰 소리로 트로이인들과 아카이아인들은 무시무시하게 함성을 지르며 서로 달려들었다." 하지만 그 북새통 위로, 바닥에 쓰러진 채 승자가 숨통을 끊어주기를 기다리는 "죽음을 눈앞에 둔, 팔이 무거운" 전사 위로, 광대한 영원이 열린다. 안드레이 왕자가 하늘과 시간 사이에서 올려다보았던 그 영원이다. 전쟁 자체가 세상, 영혼, 신을 창조하고 망가뜨렸다가 다시 창조하는 거대한 생성을 통해 하나가 되게 하는 길이다. 전쟁은 생을 소진하면서 생에 지고한 중요성을 부여한다. 전쟁은 우리에게서 모든 것을 빼앗아가기 때문에 전체의 존재감은 불현듯 그것을 구성하는 개별적 삶들의 비극적 취약성에 의해 다가오고 그로써 전체는 평가할 수 없이 귀한 것이 된다. 파괴가 예정된 모든 것은 위협을 모르거나 피하기를 원한다. 소박한 삶은 애정으로 빛난다. 헥토르의 말에게 먹을 밀을 주는 안드로마케의 평화가 그렇고, 안드레이의 출발을 앞둔 나타샤의 불안한 행복이 그렇다. 이 두 서사시에서 전체는 바탕이 아니다. 전체가 곧 일자—신과 인간 들이 뒤섞여 싸우는 이 극의 배우이자 에이전트이자 보이지 않는 연출가—다.

우리는 호메로스의 세계와 톨스토이의 세계를 단테의 세계, 발자크의 세계, 도스토옙스키의 세계를 말하듯 말할 수 없다. 톨스토이나 호메로스의 세계는 우리의 매 순간의 세계이기 때문이다. 우리는 그 세계에 진입하지 않고 이미 그 세계에 존재한다. "내가 모든 것을 말하기는 어렵다. 나는 신이 아니기 때문이다." 호메로스의 이 겸손한 말은 톨스토이도 자기 것으로 취할 수 있으리라. 두 작가 모두, 전체가 드러나도록 모든 것을 말할 필요는 없었다. 그들만이 (가끔은 셰익스피어도 포함해서) 역사가 인간의 목표 너머로의 영원한 도피, 창조적 미완으로 보이는 사건 위의 전 지구적인 휴식을 감당할 줄 알았다. 헥토르는 침략자들의 파멸을 보지 못할 것이다. 안드레이 왕자는 나폴레옹 군대의 후퇴를 보지 못할 것이다. 이교도에게는 영광의 불멸이 있고 그리스도교도에게는 신앙의 불멸이 있다. 조국애는 이 영원에 대한 정념과 뿌리가 연결되어 있기에 전쟁이라는 시험에서만 온전히 드러난다. 인간은 극단적 위협에 놓일 때 비로소 자신이 원하든 원치 않든 간에 조국에 대한 애착을 자기 세계의 중심으로 삼아왔음을 깨닫는다. 그 세계에 자신이 믿는 신들, 자신이 살아야 하는 이유와 죽어도 좋을 이유가 있다. 그러한 애착은 한낱 유익하고 편안한 감정이 아니라 존재 전체에 주어지는 무서운 요구다. 위기가 정점에 치달은 보로디노 전투 전날, 안드레이는 좌절된 야심과 파혼 때문에 괴로워하면서도 사랑과 영광보다 더 간절한 것, 즉 모욕당한 조국을 되찾고 싶다는 욕망에 몸부림친다. 아카이아 함선들의 방벽을 공격하기 위해 헥토르는 트로이 연합군을 모아놓고 각 사람이 자기 '재화'를 지키기 위해 비축해놓은 힘을 가늠한다. 땅과 하늘, 소중한 사람들, 실질적 삶에 녹아들어 있는 오랫동안 사랑해왔던 물건들 말이다. 헥토르는 폴뤼다마스에게 이렇게 대꾸한다. "참다운 징조, 좋은 징조란 오직 하나, 조국을 위해 싸우는 것밖에 없소." 강자가 되든지 멸절하든지 둘 중 하나밖에 없는 인간은 생을 사랑하는 새로운 방식, 한층 따분하고 한층 고집스러운 방식을 발명했다. 피에르 베주호프*가 환상과 노스탤지어 때문에 보지 못했던 근원적 진실을 상기하게 된 계기는 포로 생활의 시련이었다. 어차피 모든 것이 가혹한데 인생의 무엇이 그리 가혹하겠는가. 인간의 고통을 측량할 저울, 추, 척도는 없다. 도시들의 약탈자 아킬레우스조차도 프리아모스를 굴복시키고 승리할 때 자신이 기쁜 건지 슬픈 건지 알 수 없었다. 이 위대한 진실들을 호메로스와 톨스토이는 오직 혼자인 인간에게만 드러내 보인다. 그 진실들은 가장 치열한 집단적 행동 속에서 고독이 밝혀주는 계시다. 노예살이나 죽음의 위협 속에서 개인은 필연적으로 이 진실들을 감내하지 않을 수 없다. 하지만 그

---

* 『전쟁과 평화』의 등장인물로 난봉꾼이지만 러시아 사회의 개혁을 꿈꾸며 전쟁 포로 경험을 통해 성숙해지는 인물.

러한 필연은 익명의 무리 속에서 개성이 사라지는 것이 아니라 개성을 없애는 동시에 고양하는 것이다. 피에르, 안드레이, 헥토르, 아킬레우스는 존재의 소멸에 임박한 순간, 가장 자기 자신답다. 도시에도—벌들이 버리고 떠난 벌집처럼 텅 비고 불타버린 모스크바, 이제 곧 왕국의 지위를 잃고 갈가리 찢어질 부유한 도시 트로이—그 나름의 삶, 영혼, 숙명, 고유한 신성이 있다. 성스러운 일리오스, 성도^{聖都} 모스크바는 서사시의 무게중심을 차지하며 사건이 전개되는 지리적 장소인 동시에 사실이 종교적 변모에 의해 성스러운 허구가 되는 형이상학적 장소이기도 하다. 불타고 파괴된 도시는 에포스$^{épos,\ 서사시}$를 통하여 살아남는다. 도시는 자신이 품었던 실제 혹은 상상의 삶들에 대하여, 자신을 차지하기 위해 벌어졌던 실제 혹은 전설의 전투에 대하여 영원한 증인이 된다.

호메로스도, 톨스토이도 무익한 고통의 물의를 축소하려 들지 않고 그러한 물의를 피해 개인의 생존이라는 생각으로 달아나지도 않는다.* 그들은 생에, 생 자체 말고는 아무것도 호소하지 않는다. 이러한 시각에서는 어떤 목적성이 실존을 있는 그대로, 전체적 덩어리인 동시에 개별적 운명들의 세부사항으로서, 준엄하게 긍정하는 데 방해가 되지 않는다. 톨스토이가 개인성을 벌하고 낮춰 보는 반면, 호메로스는 위대한 개인을 찬양하고 흡족해하지만 그렇다고 죽음을 면해주지는 않는다. 한도가 없는 인간 아킬레우스조차도 "여느 인간들처럼 청동 창에 꿰뚫리는 살갗을

---

* 물론 죽은 자와 조상 들에 대한 제사의 중요성을 간과해서는 안 된다. 그러한 마법적 전통은 호메로스의 저작에도 생생하게 살아 있음을 볼 수 있다. 특히 『일리아스』의 마지막 장들은 그 전통을 중심축으로 삼는다. 하지만 시인의 형이상학적 사유는 거기서 어떤 영향도 받지 않았다. —저자

지녔고 우리네 목숨과 다를 바 없는 목숨을 지녔다." 호메로스는 그를 천하무적으로 만들지 않았다. 영웅은 영원에 대한 욕망이라는 날카로운 화살을 가장 멀리 쏘아 보내는 활에 지나지 않는다. 그는 매 순간 전사로서의 열망 자체가 환멸에 빠지는 고독의 땅과 근접해 있다. 거기서 그가 소중히 여기고 영원하기를 바라는 가치들은 자꾸 멀어져간다. 안드레이 왕자가 그러한 고독으로 들어갈 때는, 그가 사랑했던 여자, 조국, 영광도 따라오지 않는다. "붉은 죽음과 강력한 운명이 쓰러진 전사들의 시야 안으로 내리 덮쳤다." 그의 자부심이자 기쁨이었던 것은 무엇 하나 남지 않는다. 의식에는 날개가 없으니 죽음 너머로 날아가 시간 밖에서 혹은 순간 속에서 영원을 붙잡을 수 없다. 여기서 생은 탄생부터 죽음까지의 연속적 진화가 아니라 입을 떡 벌린 시간—그리고 이 시간의 한복판에 죽음이 있다—처럼 나타난다. 호메로스의 저작에서나 톨스토이의 저작에서나 죽음의 가시는 건재하다.

그러니 두 작가 모두 인류가 더 우위에 있다고 보지는 않았을 것이다. 인류 자체는 죽지 않으므로—적어도 우리가 볼 수 있는 범위 안에서는—인류가 인간보다 더 가치 있지는 않다. 오히려 인류는 유한성이 부족하기 때문에 인간보다 열등하다. 그리스도교는 인류의 강생인 그리스도를 통하여 죽음을 복원하는 방법으로만 인류를 고양할 수 있었다.

영원은 오직 톨스토이가 신이라고 불렀던 그 존재에게만 속한다. 그는 개체화의 죄에 빠진 만물이 그 존재 안에 와해되기를 바랐다. 호메로스는 (반대로) 그런 존재를 명명하지 않되 멸절할 수밖에 없는 실존과 적극적으로 결속시킨다. 그렇지만 이 전체, 이 존재는 끊임없이 개조되는 생성을 통해서만 드러난다. 전진하기도 하고 후퇴하기도 하는 생성의 불규칙한 진행은 창조적 목표를 감추고 있는 듯 보인다. 트로이 혹은 모스크바 앞에서 군대들이 대치할 때, 그들은 결코 누그러뜨릴 수 없는 앙심으로 서로 갈라져 있음에도 불구하고 한 편의 서사시를 함께 쓴다. 그리고 후대 사람들은 그 서사시에서 다시 한번 세상을 변모시킬 힘을 끌어낼 것이다. 물론 그러한 변모가 대속은 아니다. 힘의 루틴에 바보처럼 희생당한 귀한 의식과 생명 들을 구원하거나 부활시키지 못하는 까닭이다. 그렇지만 돌이킬 수 없는 것을 자꾸 소환함으로써 창조적 의지를 일깨울 수 있다. 미래가 그 소환에 답한다. 그건 어차피 미래에 대한 소환이다. 고립된 개인들의 진정한 연대, 생생한 일치가 존재한다면 수치와 애도를 바탕으로 새로운 현실을 수립하겠다는 희망이 그 원동력이 아니겠는가?

개인은 제한된 시각의 오류들을 발견하고 인류를 사랑해서가 아니라 널브러진 잔해들 속에서 자신이 구해낸 "시험재료"(니체)를 통하여 자기 자신을 넘어선다. 실존의 새로운 이미지에 과거 전체가 과거의 파괴, 과거의 작업으로 협력한다. 과거의 추악한 역사와 찬란한 역사로써 협력한다.

호메로스와 톨스토이는 힘의 숙명을 보여주고자 했다. 창조적 의지가 폭력의 자동성으로, 정복은 공포로, 용기는 잔혹성으로 점차 변하고 만다는 숙명 말이다. 그러나 그들은 이 과정에서 악담을 늘어놓거나 도덕적 분노에 빠지지 않는다. 우리의 기억에 영원히 남을 어떤 이미지, 어떤 뚜렷한 대비로 충분했다. 로스토프의 막내아들 페티아와 프리아모스의 막내아들 폴뤼도로스의 형제 같은 유사성만큼 톨스토이와 호메로스의 심오한 동류성을 잘 보여주는 것은 없다. 이 두 인물은 전쟁에 나가는 것을 금지당했다. 그리고 둘 다 대범하게 감시를 따돌리고 전쟁터에 뛰어들지만 무참히 살해당한다. 호메로스와 톨스토이는 기계적으로 맹위를 떨치는 폭력에 대하여 전쟁놀이라도 하듯이 적진으로 달려드는 웃음 많은 소년의 우아함을 대립시킨다. 싸움을 위한 싸움만 좋아하는 아킬레우스마저도 영광에 오점을 남긴다는 두려움 없이 무장하지 않은 아이를 끝까지 공격한다. 힘은 언제나 동일하다. 힘은 질료를 정신에 굴복시키든, 반대로 정신을 질료에 굴복시키든 여전히 같은 힘이다. 힘은 자기 진전의 정점과 창조의 재능을 일치시키고 자신이 만들어내는 것을 통하여 자기를 초월했다가 본연의 법칙에 따라 쇠퇴하고 사그라들고 와해된다. 힘이 뻗치는 무뢰한 아킬레우스가 폴뤼도로스와 뤼카온을 무참히 죽일 때 그는 파리스의 화살에 알맞게 무르익은 것이다.

그렇지만 호메로스는 공정성이라는 면에서 톨스토이를 압도한다. 톨스토이는 자기 백성의 적을 과소평가하거나 비하하지 않고는 못 배겼다. 우리 눈앞에 그 적을 벌거벗기지 않을 수 없었다. 호메로스는 승자와 패자 어느 쪽도 욕보이지 않는다. 그는 아킬레우스와 프리아모스가 서로 경의를 표하기를 바랐다. 그때부터 생성의 죄의식은 인간이라는 족속과 신이라는 족속 모두를 짓누른다. 이해와 연민이 행복한 자들뿐만 아니라 불행한 자들에게도, 아킬레우스와 뤼카온 양쪽 모두에게 퍼진다. 호메로스는 그리스인들을 선호하거나 편드는 기색을 결코 보이지 않는다. 그가 탁월한 인간의 본보기로 선택한 인물 헥토르는 그리스인이 아니라 트로이인이다. 여기서 정신은 힘의 전투에 여전히 개입하지 않고 증오는 독을 품지 않는다. 냉혹성과 잔인함은 전쟁이라는 스포츠의 일부요, 어느 편도 그러한 수단의 사용을 스스로 금할 생각은 없다. 복수심은 영혼을 부패시키고 패배를 더 뼈저리게 하는 원한이 아니라 승리의 의지를 단련하는 눈부신 정념이다. 전투의 절정에서 양측은 피차 상대를 정당하게 평가한다.

관대함이 그들에게 금지되지는 않는다. 알력 다툼의 기준이 힘이 아니라 정신이면 모든 것이 달라진다. 전쟁이 진리와 오류의 대결을 구체화하는 것 같은 양상을 띤다면 상호 평가는 불가능하다. 성경에 나오는 것 같은 하느님과 잡신들의 싸움, 영원자와 우상의 싸움에는 휴지休止가 있을 수 없다. 그러한 싸움은 우상을 척결하고 거짓을 몰아낼 때까지 모든 전장에서 계속되는 전면전이다. 이 경우에 적을 존중한다는 것은 오류에 경의를 표하고 진리에 불리한 증언을 하는 셈이 될 것이다.

톨스토이는 나폴레옹을 조국의 침략자일 뿐만 아니라 신의 경쟁자로 보았다. 나폴레옹은 개별적 삶들이 파괴될 수 없는 존재로 돌아가는 것을 방해하는 위대한 인물의 대표 격이다. 러시아 총사령관 쿠투조프 역시 민족의 해방자로만 그려지지 않는다. 쿠투조프는 오히려 역사의 필연을 겸허하게 해석하는 반反영웅에 가깝다. 그러한 필연의 의미와 범위는 인간 이성이 가늠하기 어려운 것이다.

호메로스나 톨스토이에게서 서사시의 문체가 위대함에 이르면 차분하고 고요한 시선으로 모든 것을 굽어보게 된다. 편협한 관점들을 초월하게 되고 자의성이 들어설 자리는 없다. 서사시는 느림의 의미와 간결함의 재주를 동시에 요구한다. 집단적 상태에 대한 직관과 개인에 대한 선견지명을, 우주적 비전과 의인화하는 상상력을 동시에 요구한다. 서사시는 저열한 편파적 판단과 감상을 참지 못한다. 이 장르가 시인에게 요구하는 것은 더도 덜도 아닌 데미우르고스의 기술, 즉 조물주가 현실에 부여했던 그 심원한 공정성에 의거해 모든 것을 충실히 표현하는 재주다. 여기서 인간이라는 식물은 아직도 그 뿌리에 붙어 있는 흙덩어리들과 함께 우리에게 주어지고, 영웅은 구분되지 않는 덩어리가 아니라 개인들로 이루어진 생생한 전체에서 등장한다. 피에르 베주호프가 플라톤 카라타예프 옆에서 제자리를 찾고 아킬레우스와 아가멤논이 저마다 자신의 위상과 특징을 간직하는 전체 말이다.

톨스토이와 호메로스에게 순결의 힘은 관능과 반대되지 않으며 오히려 관능의 가장 진실된 표현이라고 할 수 있다. 순결의 힘은 강렬한 감정을 제어함으로써 표현의 의지를 떠받친다. 그 힘은 마치 댐과 같아서 무너지기 전까지는 저수지의 물을 붙잡아놓는다. 지류들의 얽히고설킴이 그 물에서 하늘의 복잡한 무늬와 함께 비친다. 말로는 생생하게 표현할 수 없는 찰나의 예리한 감정을 하나의 단서, 하나의 잔해만으로 환기하기에 충분한 이 시가 지닌 순결의 힘을 인정하자. 육신을 투명하게 만들고, 간략한 말의 정념들을 벗기고, 과한 것을 과하지 않게, 극단을 절도 있게 이야기하는 이 예술에 바로 그 순결의 힘이 있음을 알아보라. 전쟁의 구렁으로 빠져드는 동시에 밤하늘의 평화로운 별자리들로 날아오르면서.

VI
프리아모스와 아킬레우스의 만찬

『일리아스』의 마지막 장면을 다들 기억할 것이다. 프리아모스는 아들의 시신을 인도받기 위해 친히 아킬레우스를 찾아간다. 그는 승자의 발치에 머리를 조아림으로써 그의 직분에서 기인하지 않는 위엄을 덧입는다. 일리오스의 왕은 "애원하는 이들의 왕"으로 새롭게 축성되었다. 결코 침해될 수 없는 이 위엄은 완성된 불행에 배어 있는 그 침착함을 통하여 능욕에서 성스러움으로 나아간다. 이 말을 들어보자. "아킬레우스여, 신들을 두려워하고 그대의 아버지를 생각하여 나를 불쌍히 여겨주시오. 감히 말하건대 나는 그분보다 동정받아 마땅하오. 나는 세상 어떤 사람도 차마 하지 못할 일을 지금 하고 있지 않소. 내 자식들을 죽인 자의 손에 입을 맞추고 있으니 말이오." 규탄하는 기색은 전혀 없다. 자기존중이 진실의 정확한 무게를 이 말에 더해준다. 패자는 자비를 얻을 권리를 요구하면서 비록 애원할지언정 승자의 모습을 한 운명을 우러러보지는 않는다. 그가 자신에게 가한 전대미문의 시

힘은 그를 지탱하는 사랑에 비례하며 어떤 저열함으로 오염되지 않았다. 페기*도 이렇게 말한다. "이 엎드림은 허탈이 아니다." 이 것은 오히려 폭력이라는 기제의 법에서 예외 조항으로 보아야 한 다. 그리고 『일리아스』에서 유일하게 애원이, 애원당하는 자를 자극하기는커녕 정신이 번쩍 나게 하는 경우다. 마치 프리아모 스의 아들들 못지않게 아킬레우스도 아킬레우스 자신의 희생자 가 된 것처럼 보인다. 자신으로 인해 불행의 왕국밖에 남지 않은 늙은 왕을 보고 승자는 당황하고 정신을 차림으로써 자신의 광 란에서 겨우 놓여난 것 같지 않은가. 노인의 말을 듣고 그는 "자 기 아버지를 위해 통곡하고 싶은 마음"이 든다. 살인자는 비로소 어린 시절과 죽음을 짊어진 인간으로 돌아온다. "그래서 그는 노 인의 손을 잡고 한쪽으로 슬며시 밀어냈다. 두 사람 모두 생각에 잠겼다…." 나는 여기에 『일리아스』의 가장 아름다운 침묵이 있 다고 생각한다. 트로이 전쟁의 악다구니도, 인간과 신 들의 고함 도, 우주의 굉음도 빨려 들어가는 절대적 침묵 말이다. 우주의 생성이 이 미세하고 감지되지도 않는 것에 걸려 있다. 그것은 순 간이지만 영원하다.

이날 프리아모스는 아킬레우스에게 간청하러 왔으나 아킬레 우스를 발견하지 못한다. 모욕은 단지 신체와 영혼에 해를 가하 고 파괴만 하는 게 아니다. 모욕은 패자의 자의식까지 은연중에 침투한다. 그래서 피해자는 자기를 추하게 여긴다. 모욕은 피해 자가 마땅히 얻을 만한 연민조차 오염시킨다. 힘의 사태를 둘러 싼 기만으로 독기를 품은 굴종이 이렇게까지 삶의 내밀함을 갉 아먹은 적이 또 있었을까. 물론, 힘과 협잡 사이의 협약은 인류

---

*   Charles Péguy(1873-1914). 프랑스의 작가, 시인, 사회참여적 지식인이다.

만큼이나 오래되었다. 그것도 최소한 그 둘을 구분할 수 있을 때의 얘기지만 말이다. 아킬레우스는 사소한 행동에서도 그 둘을 혼동하지 않는 인물이다. 그는 이런 면에서 애원을 당하는 자에 대한 샤를 페기의 정의에서 일정 부분 벗어난다. "흔히들 말하는 좋은 형편에 있는 자, 행복한 자, 그렇게 보이는 자." 당연히 지상에서 강자로 통하는 자다. 아킬레우스는 누구보다 강자로 통했지만, 전리품과 명예로운 선물이 넘쳐났지만, 전혀 행복하지는 않았다. (코리올라누스처럼)* 뭐라고 분류할 수 없는 이 인물은 위험하게 날뛰는 우군의 원한조차 자기에게 유리하게 이용할 줄 아는 아가멤논 같은 국가원수가 아니다. 그렇다고 오뒷세우스처럼 모든 꾀바른 자들의 수호성인으로 통하고 담대하기로는 그리스 바깥세상에까지 정평이 난 인물도 아니다. 아킬레우스는 군대의 수와 땅의 크기로 서로 힘을 견주는 저 그리스 영주들과는 딴판이다. 그는 이겼지만 그 승리를 이용하지 않는다. 이 승리를 이용해 아시아와 바르바리아의 바다로 가는 길을 지키는 일리오스를 쓰러뜨린 사람은 오뒷세우스다. 아킬레우스에게 잔인함은 하나의 기술이나 방법이 아니라 추격과 반격에 따른 노여움의 극치다. 그는 잔인한 짓을 전능 환상을 되살아나게 하는 수단으로만 보는 것 같고, 그 환상에 그의 존재 이유가 있다. 파괴자로서의 본성과 소명이 완벽하게 일치해버리니 그보다 더 부자유한 존재가 없다. 하지만 그 대가로 얻은 신체적 자유는 그 자체만으로도 웅장하다. 우리가 이 군주의 몸에 갇혀 있는 "위대하고 교만

---

* 『플루타르코스 영웅전』에 등장하는 고대 로마의 영웅 가이우스 마르키우스를 가리킨다. 볼스키의 코리올리를 정복한 공로로 코리올라누스라는 이름을 받았다고 한다. 셰익스피어의 희곡으로 더욱 유명하다.

한 영혼"에 찬탄하더라도 그게 체면을 구길 일은 아니다. 프리아모스는 아킬레우스에게 찬탄하지만 호메로스는 그가 승자를 우러러보았다고 말하지 않는다. 이 늙은 왕은 불행에 짓눌려 엎드렸으되 영웅의 위세에 조금도 굴복하지 않는다. 프리아모스는 자기 자식들이나 백성들을 대표해서 여기 나온 것이 아니다.

이 기묘한 만찬 내내 운명은 그를 고통의 한계까지 몰아붙인다. 프리아모스는 아킬레우스의 아름다움, 힘의 아름다움을 기꺼워한다. 영혼이 사건에서 풀려나오고 정념의 순리를 관조의 순리가 대체하는 신성한 휴전의 시간이다. 고통으로 인해 빼도 박도 못하게 굳어졌던 잔인한 현실은 다시 유동적인 것이 되어 그것을 정화하는 이미지로 흘러간다. 증오는 당황하고 기세가 꺾인다. 적들은 서로를 바라본다. 서로의 과녁으로서만, 파괴하기 좋은 대상으로서만 존재하기를 멈춘다. 이 초탈에 힘입어 분노가 짓밟았던 모든 것—사생활, 신들의 사랑, 지상의 아름다움, 허약한 의지, 생을 걸고 꽃과 열매를 피워내는 것의 고집—이 비로소 되살아나고 숨을 쉰다. 아킬레우스는 이렇게 권한다. "아무리 괴롭더라도 우리의 슬픔은 마음속에 누워 있게 내버려 둡시다." 이 순간, 그는 어떤 후회도 느끼지 않지만 그의 존재 밑바닥에서부터 먹먹한 연민이 솟아오른다. 그는 엎드린 노인을 일으켜 세우고 그의 용기를 칭찬하고 위로하지만 자신이 그에게 저질렀고 이후로도 계속 저지를 악을 뉘우치는 마음은 조금도 없다. 프리아모스는 체념하고 자기 팔자를 감내할 수밖에 없다. 아킬레우스도 어차피 타국에서 "때 이른 죽음을 맞게 될 불행한 아들"일 뿐이다. 모든 인간은 고뇌하며 산다. 진정한 평등은 이것 말고 다른 근간이 없다. 호메로스는 이 사실을 승자가 패자에게 환기하는 방향을 원했다. 아킬레우스는 애원하는 자의 체면을 지켜주기 위해, 다른 한편으로는 거추장스러운 책임을 벗어버리기 위해 숙명 뒤에 숨는다. 프리아모스는 말없이 자기 자식들을 죽인 자에게 훈계를 듣는다. 그는 상대의 파렴치한 행위에 항의하지 않고, 성경의 욥처럼 "언제까지 내 영혼을 괴롭히고 나를 말로 짓부수려나?"라고 '지혜로운 말'에 분개하지도 않는다. 욥은 자신의 모든 것을 앗아가고 정의를 베풀지 않는 신을 원망이라도 할 수 있었다. "내 영혼을 아픔으로 채우신 이가 살아 계시다." 그러나 프리아모스는 자기 입장을 변호할 수 없다. 아킬레우스가 체념에 대한 조언을 늘어놓는 내내 침묵할 뿐이다. 무엇 하러 분노하겠는가, 무엇 하러 자기 입장을 말하겠는가? 돌 같은 숙명에 둘러싸인 그는 니오베처럼 돌이 되는 수밖에 없다. 그리스도교는 욥의 한탄을 자양분 삼아 성장했다. 우리가 생각하는 것 이상으로 그리스도교는 프리아모스의 침묵에도 빚을 지고 있을 것이다.

자기 자신을 경계하는 아킬레우스는 평소처럼 성질이 욱해서 이 휴전을 깨뜨릴까 봐 두렵다. 그래서 자기 성질을 자극할 어떤 구실도 만들지 않으려 한다. "그는 프리아모스가 그의 아들을 보지 못하도록 하였다. 그렇지 않으면 상심한 노인이 자식을 보고 노여움을 억제하지 못할 것이고, 아킬레우스 또한 마음이 흥분되어 그를 죽이고 제우스의 명령을 어기게 될지도 몰랐다." 그는 그 사태만은 피하고 싶었다. 테티스에게 언질을 받은 터라, 프리아모스에게 헥토르의 시신을 넘기는 데 동의도 했다. "헤아릴 수 없는 헥토르의 몸값" 가운데 그는 두 벌의 겉옷과 잘 짠 윗옷 하나는 따로 둔다. 여자 포로들이 그의 명을 받아 시신을 씻기고 기름을 발라주고 "훌륭한 겉옷과 윗옷을 입히자 아킬레우스는 손수 시신을 들어 침상에 누이고 그의 전우들과 함께 반들반들 잘 깎은 수레에 실었다." 그 후 다시 한번 파트로클로스를 핑

계 삼아 울고 싶은 마음을 실컷 채우며—이 영웅은 참으로 눈물이 많다—시신은 몸값을 받고 준 것이니 자신을 원망하지 말라고, 파트로클로스의 몫도 꼭 남겨놓겠다고 말한다. 양심의 가책을 털어낸 아킬레우스는 차분해져서는 프리아모스에게 시신 인도가 준비되었으니 함께 저녁이나 먹자고 한다. "그러니 자, 고귀한 노인장! 우리도 먹을 생각을 합시다. 나중에 그대의 사랑하는 아들을 일리오스로 데려갈 때 실컷 울 수 있을 것이오. 그를 위해서는 눈물을 많이 흘릴 법도 하오!" 프리아모스는 수락한다. 어떻게 거절하겠는가? 삶과 죽음 사이의 장례 만찬, 전쟁과 전쟁 중간에 있는 일치와 평화의 만찬을. 호메로스는 영혼이 변화할 때 신체에 나타나는 바를 무엇 하나 빠뜨리지 않는다. 그는 슬픔으로 허해진 인간의 배고픔을 안다. 신체는 진이 다 빠진 영혼에게 정당한 복수를 하고, 그러다 영혼이 또 신체에게 새로운 눈물을 요구하고 나서는 것이다. 이 밤의 만찬은 육신의 삶에서 벗어나 있는 꿈같은 만찬이 아니라, 그 삶 한가운데서 그 삶을 초월하고 성화하는 것을 기념하는 자리다. "그들이 실컷 먹고 마셨을 때" 프리아모스와 아킬레우스는 긴장이 풀어지고, 결코 진정될 수 없는 것을 잊는다—잊고 싶어 한다. "프리아모스는 아킬레우스에게 감탄하고 그가 참으로 아름답다고 생각했다." 아킬레우스는 아킬레우스대로 늙은 왕을 바라보며 그의 고상한 면모에 감탄한다.

여기서도 아름다움은 고통에 구원의 가능성을 비춰준다. 다시금 구원의 빛이 구름을 뚫고 시련 속에 평화의 길을 내는 것만 같다. 이 생성의 휴지기에 아름다움은 영원에 투명성을 더해준다. 이것은 매인 데 없고 현실과 아무 상관도 없는 "아름다운 순간들"이 아니다. 우리는 행위의 사악한 리듬으로 고동치는 시간과 그 휴지기를 분리할 수 없다. 헬레네가 모습을 드러냈던 트로이의 성벽, 혹은 프리아모스가 들어간 아킬레우스의 막사는 진실의 장소들이다. 이 장소들에서 모욕의 용서는 없으되 (고대인들은 그런 건 몰랐다) 영원을 관조하면서 '모욕의 망각'은 가능해진다. 그리스 사상을 풍요롭게 했던 이 아름다움과 진실의 일치에 대한 직관은 호메로스에게서 이렇듯 진즉부터 표현되었다. 허다한 철학자들이 이러한 직관을 드러냈으나 그 표현의 충실함은 호메로스에게 비교가 되지 않는다.

프리아모스는 약간 물러나서 비극적 차원과 관조적 차원의 접점에 서 있다. 그는 이 서사시에서 시인의 대리인처럼, 호메로스적 지혜의 화신처럼 보인다.* 그는 이데산 꼭대기의 제우스 이상으로 비극의 관조자 역할을 하는데 그 이유는 그가 이 비극을 당하는 인물이기도 하기 때문이다. 프리아모스에 힘입어 연약함의 위엄이 한순간이나마 힘의 위엄을 이긴다. 늙은 왕은 자신을 짓밟은 적에게 감탄하고 자기 나라를 파탄에 빠뜨린 이방 여인을 편들어주면서 어떤 절대성을 고백한다. 그의 비극은 그 절대성에 충돌하지만 비극 안에 있지 않으면 그 절대성을 감지할 수도 없다. 이 법열적 깨달음의 순간, 사나운 세상은 그 특징을 재구성하고 고통받는 자들의 마음속에서 이제 곧 닥칠 일에 대한 공포는 폐기된다. 서두를 이유가 어디 있는가. 프리아모스의 미래란 화염에 휩싸인 트로이이고 아킬레우스의 미래란 파리스의 화살일 터인데. 욥은 믿음으로 현실의 보물들을 모두 되찾을 테지만 프리아모스가 이제 곧 발견할 것이라고는 헥토르의 시신뿐이지 않은가. 그렇지만 이 밤의 경계에서의 만남만으로도 기쁨을 모르

---

* 완독 후에야 비로소 시를 지배하는 인물이 프리아모스임을 이해하게 된다. — 저자

는 기쁨의 새벽이 생을 다시 생과 화해시키기에 충분하다. 니오베는 다시 살아나 굳어진 팔다리를 펴리라.

게다가 아킬레우스는 신들의 명령을 수행하는 것으로 그치지 않는다. 그는 프리아모스에게 헥토르의 장례를 치르는 동안은 군사를 물리고 전투를 중단하겠노라 약속한다. 그러고 나서 애정과 존경을 담아, 진정한 힘만이 지닐 수 있는 한없는 섬세함으로 "노인의 손목을 잡아 그가 더 이상 마음속으로 두려워하지 않도록 하였다".

이것은 그의 조상인 야만족들보다는 알렉산드로스 대왕이나 르 그랑 콩데*에 더 흡사한 아킬레우스의 모습이다. 우아한 환대에 배어 있는 이 고결함만이 이미 아름답게 조성된 하나의 문명을 위협하는 폭발적 힘을 지닌 자의 위대한 혈통을 내비친다. 언제나 환멸에 젖은 이 정복자가 음악을 무척 좋아했다는 것을 잊지 말자. 오뒷세우스가 그를 구슬리기 위해 사절을 데리고 찾아갔을 때 아킬레우스는 키타라를 연주하고 있었다. 그 아름답고 정교한 악기는 그가 파괴한 도시의 폐허에서 그의 몫으로 건져낸 것이었다. "(아킬레우스는) 그 악기로 마음을 달래면서 전사들의 명성을 노래하고 있었다." 이 노래를 가벼이 지나쳐서는 안 된다. 오직 우정과 음악만이 아킬레우스를 해방할 수 있었다. 하지만 그는 정말로 해방을 원했을까? 아킬레우스는 오래 살기보다는 영광을 원했다. 그 이유는 그가 불멸을 선택했기 때문이다. 영혼의 불멸이 아닌 전능의 불멸을. 다소 도식적으로 따지자면 아킬레우스에게서 디오니소스적 면모(모든 것은 파괴될 수 있

---

* 지략과 전술이 뛰어났던 프랑스의 명장 루이 2세 드 부르봉(Louis II de Bourbon), 콩데 왕자를 가리킨다.

다는 것이 싫어서 파괴하고 싶다는 정념)를, 헥토르에게서는 아폴론적 면모(연약한 존재 그대로를 사랑하여 인간 질서를 수호하고자 하는 의지)를 볼 수 있겠다. 물론 호메로스의 인물들은 고전 양식을 의도적으로 응집, 축약하고 있어서 우리가 생각하는 것 이상으로 한없이 복합적이지만 말이다.

    이 시의 만듦새를 꼼꼼하게 살피자면 끝이 없다. 표현의 적확성은 삶의 파란만장한 유연성을 드러낸다. 힘의 아름다운 통일성에서 현실의 애매성이 다시 태어난다. 생성의 거대한 대칭을 존중하고 조명하는 대목들이 도처에 넘쳐난다. 그러한 대칭은 측량할 수 없는 것의 존재감을 더욱 완연히 드러낼 뿐이다. 조각상들은 여전히 가만한데 그 본성상 조형적으로 다룰 수 없는 것—가능성들의 우글거림, 스침과 달아남, 아른거리는 명암—이 무슨 조화로 여기에 깃들었을까. 호메로스의 영웅들은 비극 무대에 선 배우의 입체감과 필멸의 생이 지닌 후광을 동시에 지니고 우리에게 나타난다. 니체는 말한다. "고전학자가 되려면 강력하고도 모순적인 모든 재능과 욕구를 지녀야 한다. 그러나 또한 그것들을 한 멍에에 묶어야 한다." 니체가 고전 예술가의 위대함은 "한 치 틀림없는 확실함에 카오스는 복종하고 형태를 갖추어 그의 목소리가 되어 나오거나, 그의 손이 일련의 형식들로 표현하고야 말 필연에 이른다"고 했을 때 그는 호메로스를 염두에 두었을지도 모른다.

고대적 원천과 성경적 원천

진리에 대한 지각은 정복이기 전에 재능이다. 성경과 『일리아스』 외에도 신성한 텍스트는 많지만 적법성에 대한 소명이 이렇게 선명하게 드러나지는 않는다. 다른 곳에서 우리는 이방인이고 여기는 우리의 조국이니 우리의 원천에서 우리 자신을 깨끗이 하자. 성경과 『일리아스』는 알아차리지 못하게 성장하면서 늘 모순으로 가득한 우리의 경험에 균형을 맞추어왔다. 이 텍스트들은 우리가 갈구하는 위안을 준다. 우리의 가장 힘겨운 투쟁에서, 구체적인 수준에서, 참과의 접촉이 있다. 신성한 영감에 따라 쓰인 이 두 책과 우리의 교류가 내밀할수록 여기에 지나치게 풍부한 의미를 싣는 상징적 해석에는 경계심을 곤두세우게 마련이다. 성경의 사상과 호메로스의 사상 사이, 어떤 동일성을 찾아내 본다면 지나친 시도일까? 올바른 행동의 용기와 전사적 행동의 영웅심, 신앙에 의한 구원과 시를 통한 대속, 미래로서 선언된 영원과 완벽한 형태로 구현된 비시간적인 영원—이 뚜렷한 대비 아래 근본적인 동일성이 있다. 물론 운명의 빛을 모조리 자신에게로 끌어당기면서 수호신들을 가려버리는 영웅들과 자신을 갈아 넣어 유일신을 드높이는 이 죄 많은 민족 사이에 공통점이라고는 없다. 그렇지만 '파툼(운명)'의 종교와 살아 있는 신에 대한 경배는 신과의 관계를 기술적으로, 혹은 신비 사상으로 세우지는 않겠다는 동일한 거부를 담고 있다. 성경의 신은 기도에 감응하되 넘어가지 않는다. 속죄의 의례는 올림포스의 신들을 달랠 수 있으나 파툼을 꺾지는 못한다.

신비주의자들이 섬기는 사심 없고 초연한 신보다 이스라엘의 신과 이질적인 것은 없다. 이 신은 피조물에게 창조된 모든 것을 배워내고 자신을 받아들이라 기대하지 않는다. 그러나 자신이 인류에게 부과한 투쟁과 노고를 면할 특권을 주지도 않는다. 모세는 백성들의 압박에 진 죄로 벌을 받았다. 이스라엘 백성들은 모세와 신의 사적 관계를 숨겨진 힘과의 마법적 관계로 바꾸기 원했던 것이다. 프로메테우스는 자신의 대담한 창조와 헌신적 해방의 희생자이기만 한 것은 아니다. 그는 과학과 마법을 통해 인간을 척박한 조건의 법칙들에서 끌어냈다는 허세의 대가를 치르는 것이다.

이렇듯 예언자들과 비극 시인들의 텍스트에서 참에 대한 앎이나 종교적 감정의 기초는 권력과 사유의 정점에서 무능을 받아들임에 있다. 다윗의 시편이 호메로스나 아이스퀼로스의 애가보다 뿌리 깊은 환멸의 쓸쓸함이 덜하지 않다. 그리고 아마도 환멸을 뛰어넘는 기쁨과 환멸을 축성하는 애도의 거리가 신앙과 운명애 amor fati 사이의 거리일 것이다. 그렇지만 어디서나 최후의 겸손은 치욕스러운 일을 받아들임이다. 역사를 통해 옳은 일을 하는 신의 행위에서 측량할 수 없는 윤리적 범주들이 이 일을 이루었으니 말이다. 욥은 한탄하고 고발하나 하느님은, 파툼과 마찬가지로, 자기변호를 하지 않는다. 이스라엘의 예언자들은 주님이 온 세대를 싹 멸하고 당신의 선물을 받을 자격이 있는 민족을 새로 만드셨노라 칭송한다. 『일리아스』의 영웅들이 지고의 명철^{名哲}에 이르는 순간은 정의가 완전히 붕괴되는 순간과 일치한다. 그러나 정신을 만족시키는 재분배의 희망을 포기한들 영원을 바라는 마음은 사라지지 않는다. 그 마음은 끈질기게 남는다. 헥토르의 결심에서 그 마음은 더없이 완강하게 나타난다. "아니, 나는 결코 싸우지도 않고 명성도 없이 죽고 싶지는 않다. 후세 사람들에게 들어서 알게 될 큰일을 해내지 않고는 죽을 수 없다." 시편 저자의 환희의 외침 속에도 그 마음이 이글거린다. "나는 죽지 않으리라, 살아남으리라, 주님이 하신 일을 선포하리라." 그는 "당신이 지으신 모든 사람의 아들들이 얼마나 헛된지" 잘 알면서도 죽음에 도전한 것이다. 시편 저자는 대담하게 피조물의 한계와 "신의 한계 없는 명령"이 이루는 대조를 유지한다.

여기서 윤리적 경험과 형이상학적 문제를 긴밀하게 이어주는 감수성은 산 자들의 땅과 동떨어져 움츠려 있지도 않고 저절로 떨어져 나와 사물을 지배하지도 않는다. 다이몬적 힘들의 애매한 우주는 지워진다. 합리적 상징들의 세계가 아직 만들어지기 전이다. 마법사는 제멋대로인 자연에 효과도 없는 퇴마의 주문을 읊조릴 뿐이요, 철학자는 아직 아름다운 추상의 삶에 눈뜨게 할 주술을 만들어내지 못했다. 어쩌면 그래서 특별했을 이 시기에, 이스라엘의 예언자들의 서정적 설교와 호메로스의 서사시 구상을 통하여 특수한 사유 양식이 나타났다. 그 사유는 구체적 방법들을 전하지 않지만 인간이 실존의 전환점에서 자기 자신과 부딪칠 때마다 다시 나타나고 우세해진다.

그렇지만 성경의 정신과 종교적 영성 사이에, 그리고 『일리아스』의 정신과 철학적 영성 사이에 무슨 관련이 있지는 않다. 모세의 신이 이신론자나 접신론자의 신과 닮지 않은 것처럼 서사시의 '파툼'은 철학자들이 말하는 불변적 본질과 조금도 비슷하지 않다. 더 엄밀하게 인간적이지 않고 덜 인도주의적이지도 않은 이 사유는 흔들리는 주관성과 결코 분리되지 않으며 그 주관성 안에서 '존재'의 분화 너머 존재들의 동일성을 드러낸다. 하지만 이 사유가 존재하는 주체를 더 꼭 움켜쥘수록 개인주의적인 것이 될 것이다.

성경에서 예언자들은 주변의 대국들에 휘둘리는 약소국의 정치에 대해 말한다. 때로는 싸움을 받아들여야 하고 때로는 속국이 되어서도 독립의 의지와 목적지에 대한 믿음을 잃지 않고 버텨야 한다. 이것은 대제국들의 취약점, 특권 아래 숨어 있는 급소를 특히 전문적으로 잡아내는 정책이다. 그리스 역사가 가운데 첫째가는 호메로스는 트로이 전쟁의 정치, 경제적 원인을 예리하게 분석한다. 그의 분석에서 오만한 아카이아족의 군사 및 농업 조직과 트로이의 평화로운 '금권정치'는 대조를 이룬다. 하지만 역사적 설명이 사실들을 소상히 다 써버리고 나면 원인 분석은 우리를 냅다 사건 앞에—전쟁, 비합리적인 것, 결국은 아킬레우스 앞에다가—두고 가버린다. 호메로스와 예언자들의 글에서 언제나 사유는 사회적 목적성을 뛰어넘어 존재에까지, 혹은 전체로서의 생에 대한 긍정에까지 비약한다. 호메로스는 무사공평한 정도가 아니라 연민 어린 이해에 도달해 있기 때문에 이 시인의 개인적 선호를 찾아내는 것은 포기해야 한다. 성경에도 민족주의 개념 자체는 낯설다. 여기서 백성은 부름을 받는 한에서만 열광한다. 여기에는 본질적으로 윤리적인 사유의 한 형태가 있다고 하겠다. 윤리라는 말로써 선택의 부재가 결정을 판가름하는 완전한 절망의 순간들에 대한 앎을 지칭할 수 있다면 말이다. "내면성은 순간밖에 지속되지 않는다"고 키르케고르는 말한다. 바로 그런 순간들을 성경과 호메로스의 사유는 자양분으로 삼는다. 비록 그 사유는 역사 속으로 사라진 것 같지만.

개인을 뒤흔드는 위기들은 인간적 생성의 일반적 성격을 바꿔놓지 못한다. 역사는 언제나 재앙과 유예, 그때그때 주어져 해결되거나 적당히 넘어간 문제 들의 뒤엉킴으로 남는다. 그러나 완전한 무력함에 짓눌려보고 그 경험에서 살아남은 인간은 아무렇지 않은 것처럼 살아가기를 결코 단념하지 않는다. 그는 절망이 자기에게 보여준 지고의 방책을 변함없이 사용하고자 노력한다. 지속성 없는 강렬함을 시간 속에 통합하고자 하고, 제어할 수 없는 자발성을 반복을 통해 포착하고자 한다. 윤리에서 도덕으로 넘어오면서 쾌락주의의 심미적 관조와 같은 가치 배반이 일어난다. 원래 윤리성에는 단계가 없다. 그런데 윤리성이 강등되어 비교를 통해 평가하기 쉬운 도덕성이 되었다. 도덕성은 규율을 통하여 생활양식을 습득해 내면성의 순간들에 대한 기억을 이어나가는 것이다. 하지만 한순간 고양되었던 주체가 다시 평소 상태로 돌아가면 초탈의 능력을 잃게 되고 자신의 변모에서 남는 거라고는 무기력한 이미지뿐이다. 심미적 관조가 작품을 통해서만 완성될 수 있듯이 윤리적 경험은 그 경험을 초월하는 행동으로만 완성될 수 있다. 시가 윤리적 경험의 현실을 증언하지 않는다면 그 경험에서 무엇이 남겠는가? 창조적 상상력과 언어적 재능의 도움을 받아 시라는 분야에서 불가능한 반복이라는 기적을 이루면 모를까. 다른 어디에서 그럴 수 있을까? 윤리와 시의 연결은 윤리와 도덕의 연결보다 한없이 더 깊고 탄탄하다. 성경의 종교와 '파룸'의 종교가 신도들에게 시를 써서 소통했던 이유는 이 종교들의 근간이 되는 윤리적 경험의 진실을 복원하는 것이 시이기 때문이다. 니체가 영원회귀에 대한 디오니소스적 신앙을 선언했을 때, 블레이크가 자신의 종교관을 피력했을 때, 키르케고르가 아브라함의 경험을 해독하려 했을 때, 파스칼이 아브라함과 야곱의 하느님을 자신의 신으로 고백했을 때, 그들은 어김없이 시의 언어에—아포리즘에, 역설에—의지했다.

『일리아스』의 분위기도 마법 행위를 고양하는 막연한 에로티시즘과 거리가 멀기로는 성경의 분위기 못지않다. 새로운 에너지가 신적 자연에 흩어져 있는 에로스를 강력한 하나의 사랑으로 규합한다. 그렇지만 멸절할 수밖에 없는 것의 매력, 감각의 마력이 사라지진 않는다. 느낄 수 있다는 축복은 그 사실을 자각할 때 한층 더 깊어진다. 의인화에 능한 상상력은 자연의 힘과의 일치를 깨지 않으면서 인간과 우주 사이에 새로운 친밀성을 만든다. 산과 섬과 강과 샘이 합력하여 신을 찬미하거나 영웅들의 싸움에 제휴한다. 이 인간으로의 상승을 통하여 결코 다하지 않을 동물성에서 개인의 의식 해방이 이루어질 수 있었다. 그리하여 전사적 삶의 혹독한 태양 아래서도, 혹은 하느님의 심판을 기다리는 와중에도 가장 섬세하고 지고한 공통의 감정이 싹텄다. 아킬레우스와 파트로클로스의 우정, 다윗과 요나단의 우정, 자신에게 애원하는 자에 대한 존중, 정의를 행사하여 아무도 모욕당하지 않게 하겠다는 마음 등이 바로 그것이다.

종교적 의미와 시적 의미의 상호관통이 이 가치들에 더해준 것, 우리는 그것을 그 가치들이 빚어진 절대성으로부터 분리되어 어떻게 되었는가를 보면서 짐작할 수 있다. 예언시의 신묘한 영감이 고갈되자 성경의 종교는 불안하고 광신적인 메시아주의로 타락했다. 그리스 철학이 호메로스와 아이스퀼로스의 의문을 자기네들의 답으로 대체하려 하자 비극의 에토스는 스토아주의로 변해버렸다. 도덕은 영웅들의 탄식을 입막음할 것이다. 이제 우는 소리는 품위 없는 일로 취급받을 것이다.

신앙만이 마법의 힘을 빼앗고 윤리를 실존의 한복판에 세울 수 있는 것은 아니다. 시 역시 마법의 힘을 앗아갈 것이다. 전사들의 몸짓이 신화 속 영웅의 몸짓을 대신할 것이다. 성경에서 신의 사역 이야기는 다른 이적들을 나란히 허용하지 않는다. 처음으로 신화가 마법적 속성, 사회적 효력, 설명적 가치를 잃었다. 신화는 마법이 넘겨준 기능을 다하지 못하게 되었지만 아직 철학, 특히 플라톤이 부여하게 될 의미를 갖지도 못했다.

플라톤의 신화 차용은 창조적 상상력의 자유로운 작용인 동시에 이성의 포기, 더 정확히는 이성 스스로 불러온 역설 앞의 포기였다. 여기서 진리는 진리를 아랑곳하지 않고, 앎에 대한 열정이 고대의 애니미즘^{animism}을 설명 수단으로 끌어들여 겨우 숨구멍을 찾는다. 플라톤은 신화를 변용하여 이미 획득한 진리를 호시탐탐 노리는 어리석음을 에이로네이아(아이러니)가 이기는 삶의 이미지로 만들었다. 물론 플라톤은 이성의 무력함을 고백하긴 하지만 그 또한 이성을 구제하기 위함은 아닌가? 이성이 더 이상 갈 수 없는 곳을 신화는 간다. 철학은 인간과 우주에 대한 지배를 넓혀줄 수 있는 조력자는 그 무엇이든 마다하지 않았다. 여기서 다이몬과 이데아는 사이가 나쁘지 않다. 플라톤은 공감과 매혹에 기반한 애니미즘이 자기 철학의 원칙이나 방법과 양립할 수 없는데도 개의치 않는다. 실제로 추론과 삼단논법의 수행, 그리고 퇴마의 주문이나 주술이 서로 경로는 다를지언정 동일한 결과로 향하고 있기 때문이다. 그래서 플라톤은 자기 이성의 구성물을 신화적 근거에 두기를 두려워하지 않고 일부 집단적 표상에 결부된 성스러운 감정 역시 이성을 위해 끌어다 쓴다. 감각적인 것^{le} $_{sensible}$과 가지적인 것$^{l'intelligible}$ 사이의 보이지 않는 세계를 매개로 삼아 신화는 영혼과 우주를 장악하려는 희망, 플라톤 내면의 철학자와 마법사를 유혹한 바로 그 희망에 영합할 수 있었다.

그런데 성경과 『일리아스』는 바로 이 장악의 의지를 규탄한다. 여기서는 예언은 점술을 금하고 마법적 절차에 의지하지 않는다. 마음을 바르게 하고 초자연과 접촉하는 것 외에는 다른 수도법이 없다. 사실 『일리아스』에는 그러한 초자연이 없다. '파툼'이 그 자리를 차지한다면 모를까, 호메로스와 아이스퀼로스에게 절대적 신은 허다한 다른 신들로 가려져 있다. 여기서 신앙을 가로막는 것은 다신교가 아니라 '운명애'다. 그렇지만 호메로스도 인간의 교만과 전능 의지에 대하여 가차 없기로는 성경에 뒤지지 않는다. 초인을 전사적 행동의 정점에 올려놓는 것도 어디까지나 그 후 냉혹한 보복에 내어주기 위해서다. 신들은 자기가 수호하는 인간을 잠시 불사신과도 같은 존재로 높였다가 힘은 불안정하고 오래가지 못한다는 것을 여실히 보여준다.

그렇지만 '파툼' 신앙과 일신교는 그 어느 쪽도 감각적 현실을 평가절하하지 않는다. 반면, 철학은 가치 존중이라는 구실하에 우리 모두를 그러한 평가절하에 끌어들인다. 자신의 진정한 재화가 다 뽑혀 나간 인간은 멸절할 수밖에 없는 것들을 향한 웅숭깊은 애정으로 인하여 고통스럽다. 하지만 이 '뽑힘^{arrachement}'은, 그것이 신의 형벌이든 파툼의 명령이든 간에, 철학자들이 말하는 '풀기^{déliement}'와 아무 공통점이 없다. 영혼과 육신의 풀어짐은 오히려 철학자가 바랄 만한 것이다. 짓밟힌 조국을 향한 예언자들의 사랑, 위협받는 인류를 향한 프로메테우스의 사랑은 대상을 떠나지 않고 영원에 다다른다. "높은 곳에 계시고" "하늘 위의 하늘도 모시지 못할" 신은 인간과 함께 지상에 거한다. 실재 앞에서, 길들일 수 없는 실존 앞에서 겸손할 것―비극 시인들의 비탄과 간청, 예언자들의 권면과 애가는 바로 이것을 우리에게 가르쳐준다. 따라서 성경과 『일리아스』의 사유를 그보다 앞서 존재했던 마법적 사유나 이후에 등장할 변증법적 사유와는 별도로 보는 것이 마땅하다. 그렇지만 호메로스나 이사야의 성찰과 플라톤의 형이상학에서 모종의 유사성을 발견하는 것까지 배제해서는 안 될 것이다. 불멸을 희구했던 소크라테스는 『일리아스』에 나타나는 관조의 휴지기들에서 이미 그 뜻을 이루지 않았을까? 언제나 불타는 떨기 덤불 속에 계시지 않고 "가장 은밀한 바람" 속에서 지나가는 그 신이 플라톤의 "경이로운 소망"을 지피지는 않았을까?

호메로스의 세계에서 나타나는 힘은 상호 견제하는 다수의 길항적 에너지로 나뉘어 있다. 전사들의 싸움, 신들의 불화는 자꾸만 되풀이된다. 그러나 힘은 원칙적으로 균질하며 그것이 결정하는 생성에 동일하다. 힘은 기원도 없고 끝도 없다. 힘은 존재하는 것―일차적으로, 무한정으로, 절대적으로―이다. 반면에 성경의 세계에서 힘의 표상은 근본적인, 혹은 시원적인 이질성을 함축한다. 한편에는 자기를 신으로 삼고 싶은 인간의 역능 의지처럼 유한한 힘이 있고 다른 한편에는 신 자체라는 무한한 힘이 있다. 성경은 부패할 수 있는 에너지와 창조의 에너지를 대립시키면서 오직 부활 개념으로만 극복할 수 있는 이원성을 유지한다. 따라서 그리스인들은 시간을 초월한 불멸을 믿었지만 이스라엘은 부활을 믿었던 것도 애초에 양쪽은 힘에 대한 이해가 달랐기 때문이라고 볼 수 있다. 한편에서는 생성이 움직이는 목표를 향해 나아가는 대속이지만, 다른 편에서 생성은 성장, 변천, 죽음의 복잡한 실타래처럼 주어진다. 그리고 존재는 그 실타래를 통하여 영속한다. 한편에서는 신이 생성의 지배자다. 다른 편에서는 생성이—원한다면 '파툼'이라고 부를 수도 있을 텐데—신들을 지배한다.

부활 관념은 시간성에 대한 관심을 강조한다. 성경의 종교가 지닌 근본적 특징은 불멸 신앙이라기보다 시간 속의 죽음을 파괴하겠다는 의지다. 민족이 신 안에서 부활할 뿐 아니라 신 또한 민족에게서 부활한다. 윤리 자체가 일단 '부활의 순간'일 뿐이다. 유한한 힘이 자신의 퇴락과 부패 가능성에 저항하는 순간이라고나 할까. 이와는 반대로 일원론자들이 생각하는 힘, 영원한 생성의 막역한 죄의식, 내재성의 하늘을 가로막는 '파툼'의 이미지는 그리스 사상을 심미적 초탈, 시간을 초월한 영원, 아름다움에 의한 대속의 길로 인도했을 것이다. 파괴될 수 없는 것에 대한 열정은 플라톤을 사로잡기 한참 전에 이미 호메로스에게서 폭발적으로 나타났다. 호메로스와 더불어 이 완벽의 추구는 시작되었다. 여기서 이 그리스적 재능에 고유한 고행과 성스러움을 보아야 한다. 이스라엘의 예언자들처럼 호메로스도 미래를 보았다. 하지만 그가 본 것은 유혈과 공포를 먹고 자라는 메시아주의의 평화가 아니라 장차 부를 노래의 평온한 법열이었다. 그 노래는 아름다움으로 인간을 위로하거나 절망케 하며, 진실에 부합함으로써 이제는 사라진 고통을 증언할 터였다.

부활 신앙은 구원을 선도하기 위해 선택받은 민족의 모든 구성원을, 나아가 모든 나라를, 궁극적으로 인류 전체를 신에게 연결함으로써 교단의 원칙을 수립하지만 불멸에 대한 믿음은 단일성의 원리를 신성시하고 생성에서 한순간 홀연히 솟아올라 영원해지는 사건, 비견할 수 없는 사건을 드높인다. 그 사건의 이름은 헥토르나 아킬레우스 또는 헬레네일 것이다. 불멸의 존재로 만들고 말고는 인간의 일이요, 인간 활동의 가장 고결한 이유다. 타동사로서의 의미에서 '부활하다/부활시키다^{ressusciter}'는 창조주 하느님의 소관, 무덤에서 마른 뼈들을 건져내어 숨을 불어넣는 에제키엘의 하느님이 하시는 일이다.

정의에 대한 요구 역시 힘에 대한 이해와 마찬가지로 예언자들의 전제와 현자 호메로스의 전제가 다르다. 예언자들은 자기네 하느님에게만 정의를 바란다. 호메로스는 인간의 가장 좋은 부분에, 마치 인간이 인간에게 해줄 수 있는 가장 좋은 선물로서 정의를 기대할 뿐이다. 신께서 당신 백성이 역사의 악다구니 속에서 정의를 세울 수 있도록, 죄악의 혼돈 속에서 정의를 끌어낼 수 있도록 도와야만 한다. 이 백성이 선택받았다는 사실에 분개하면 무서운 벌이 의로운 자와 불의한 자를 가리지 않고 내리칠 것이다. 그 이유는, 엄밀히 말해서, 죄 없는 자들도 죄악된 민족에 속하기 때문이다. 하느님의 심판은 개인의 역사보다 민족의 역사에 더 잘 아로새겨지고 더 잘 해독된다. 고집스럽게 탄식을 뱉던 욥은 죽을 테지만 민족은 언제나 약속되었던 부활을 기다릴 수 있다. "내가 그분께 죄를 지었으니 그분께서 나에게 판결을 내리시고 권리를 찾아 주실 때까지 나는 주님의 분노를 짊어지리라." 이 민족은 정의를 획득하기 위해 세대가 몇 번이고 바뀌도록 아주 오랜 시간을, 생 자체를 이루는 재앙과 이적의 연속을 거친

다. 또한 그리스인들은 숙명에 동의했지만 성경의 예언자들은 불행이 백성에게 거세게 들러붙을수록 숙명에 대한 경배를 거부할 힘을 얻는다.

그리스인들의 경우는 정반대다. 역사는 힘의 비극들, 집단적 정념들의 극이 펼쳐지는 장소다. 역사는 신의 정의를 알지 못하고 구하지도 않는다. 어디 그뿐인가, 진짜 죄인은 그러한 역사를 비준한 신들 아닌가. 그들이 최종적으로 결정한 일 아닌가. 그러나 터를 닦고 건설을 할 때는, 감히 위험을 무릅쓰고 시도를 할 때는, 모든 것이 사람의 손에 달려 있다. 그런 까닭에 그리스인들이 신들에게 청원한 것은 사랑이 아니라 호의였다. 과잉의 고통과 극단의 부정을 통하여 균형에 이르고자 하는 인간적 노력을 용인받고 싶었다고나 할까. 법이라는 약하지만 버틸 수 있는 교량으로 격동의 역사를 건너가야 한다. 그 교량은 정념의 범람에 휘둘리지만 완전히 잠기지는 않는다. 그러한 법은 순전히 인간의 작품이다. 법이 무너지면 위대한 입법자가 그 뒤를 이어받아 법을 개선할 채비를 한다. 그는 정의로운 국가의 초석을 다지기에 힘쓴다. 그러한 입법자는 막무가내인 크레온이나 완강하기만 한 안티고네와 달리 자신이 아는 삶을 유연하고 융통성 있게 다루어낸다. 그는 법이 정의의 명령에 합당하게끔, 그리고 정의는 필연의 명령에 합당하게끔 만들고자 한다. 이건 물론 타협이다. 그렇지만 충돌하는 두 절대성 사이의 대담무쌍한 타협이다.

아마도 호메로스적 지혜의 마땅한 후계자이자 헥토르의 계승자로 보아야 할 인물은 철학자가 아니라 위대한 입법자일 것이다. 솔론은 위정자이자 사업가, 군인, 여행자, 입법자, 시인이었다. 그리스인들의 정의에 대한 욕구 근간에 있는 심미적 요구와 윤리적 감정의 결합이 솔론에게서 제대로 구현되고 고양되었다. 그는 파토스를 떠나 가장 광범위하고 다채로운 경험을 쌓은 자로, 전시에나 평시에나 제 소임을 다하고 전투와 균형을 똑같이 좋아했다.

신들이 행복, 부, 영광을 부여하지만 오직 인간만이 그것들을 정의에 결합시킬 능력이 있다. 이 능력이 없다면 "치명적 재앙"이 조만간 덮치고 말 것이다. "그것은 조금씩 시작된다. 불이 탈 때처럼 처음에는 아무것도 아니다가 결국은 커다란 불행이 된다. 폭력으로 이룬 일은 오래가지 못한다. 제우스는 만물의 끝을 안다. 봄바람이 갑자기 구름을 흐트러뜨리고 아무것도 낳지 못하는 파도를 뒤흔들고 비옥한 땅을 휩쓸고 가다가 갑자기 신들의 처소까지, 하늘까지 수직으로 솟아올라 인간들의 눈에 가벼운 눈부심만 남기듯이—그사이 태양의 힘은 땅에 고루 퍼져 찬란한 빛이 스미고 구름은 한 점 없이 사라진다—제우스의 복수도 그렇게 이루어진다." 그러나 복수는 제우스의 소관일지라도 정의로운 법을 세우는 것은 필멸자들의 일이다. 정의에 대한 고민은 신들의 무정부상태, 우주의 무질서, 인간 사회의 불안정성을 대하면서 은밀하게 느끼는 자부심이기도 하다. 이리하여 그리스인들은 법을 바르게 세우려는 의욕을 독립 및 특정 주의에 대한 선호와 화해시킬 수 있었다. 비록 '법^{jus}'의 보편성과 모순되는 듯 보이긴 해도 정의에 대한 의지를 뜨겁게 자극하기에는 적합했으니까.

예언자들의 파토스와 그리스 입법자의 에토스가 서로 상반되고 낯선 것처럼 보일 수 있을지 몰라도 그들의 공통적 요구는 결국 그들의 생각의 뿌리가 맞닿아 있음을 보여준다. 양쪽 모두에게 정의는, 신에게 받는 것이든 인간의 재능으로 일궈내는 것이든, 씨가 뿌려진 땅의 열매였다. 정의는 나중에 다른 나무에 접붙여져 새로운 기후에서도 꽃을 피워낼 것이다. 그러나 보편화된 정의는 모든 시대, 모든 장소에 적용 가능한 추상적 이성의 구성물이 아니다. 다른 시공간으로 옮겨진 정의는 성장과 성숙을 개조해야 한다. 호세아 예언자가 백성들에게 성스러움의 새로운 밭을 일구라고 부르짖었을 때 이 부름은 비유적인 의미와 문자 그대로의 의미 양쪽 모두로 받아들여야 한다. 정의를 따라 씨를 뿌리고 자비를 따라 수확하기 위해서는 일단 "저마다 자기 무화과나무와 자기 포도나무 아래서" 씨를 뿌리고 거둬들여야 한다. 오직 신만이 고향 땅의 진정한 주인이요, 백성은 용익권用益權을 가지고 있을 뿐이다.

"힘과 정의를 합하여 (…) 주인들 앞에 두려워 떠는 이들을 자유롭게 풀어주었던" 그리스의 입법자와 마찬가지로 유대인 예언자도 명령한다. "불의한 결박을 풀어주고 멍에 줄을 끌러 주어라, 억압받는 이들을 자유롭게 내보내고 모든 멍에를 부수어버려라."(『이사야』 58장 6절) 이것은 (르낭이 생각했던 것 같은) 선동이 아니다. 예언자가 하는 말을 들어보자. 그가 쉴 새 없이 쏟아내는 것은 조국을 떠나온 자의 열띤 비난이 아니라 땅을 일구는 자가 예속에 항거하는 기세 좋은 비탄이다. 그의 사회적 교의는 솔론의 가르침과 흡사하다. 솔론은 자신의 업적, 눈부신 담대함과 가장 현명한 조처가 위대한 조화를 이루는 이 헌법을 자랑하면서 지구 자체를 증인으로 삼는다. "올림포스 신들의 위대한 어머니이신 정의의 여신 앞에 나아갈 때 지구가 나의 증인이 되어주리라. 검은 지구에 사방으로 둘러친 경계를 내가 없애버렸으니 전에는 노예였으나 지금은 자유롭다. (…) 나는 가난한 이와 정직한 이를 위하여 공정한 법률을 작성하여 만인에게 올바른 정의를 세웠다." 이 올바름에 대한 숭상이라는 면에서 아테네의 입법자들과 유대의 입법자들이 만난다.

그러므로 아테네에서나 예루살렘에서나 인간의 정의와 생의 정의 사이에 좁힐 수 없는 대립 따위는 존재하지 않았다. 인간의 정의는 이성 혹은 신앙에 근거하여 올바름과 진리로서 세워진 것이다. 생의 정의란 개인이나 집단이 성장하거나 번성하게 될 조건을 결정짓는 신체적, 생리학적 필요에만 속하는 것이다. 아테네에서든 시온에서든 의인은 사방에 적으로 둘러싸였어도 내면의 분열을 겪지 않는다. 생을 돕고 풍요롭게 하는 일이 신에게 해를 끼칠 리 없다. 신앙을 돕고 풍요롭게 하는 일이 생에 피해를 줄 리도 없다. "너희는 정의, 오직 정의만 따라야 한다. 그래야 너희가 살 수 있고, 주 너희 하느님께서 너희에게 주시는 땅을 차지할 것이다."(『신명기』 16장 20절) 정의와 생은 파괴를 통하여 서로를 소환하고 창조적 활동 속에서 한데 뒤섞인다. 정의가 신의 계율에 따라 이루어진다면 "주 너희 하느님께서 너희의 모든 소출과 너희가 손대는 모든 일에 복을 내리시어, 너희가 한껏 기뻐하게 될 것이다." 죄악된 민족이 "날카롭고 크고 세찬 당신의 칼"을 맞고 헐벗은 밭에 쓰러질지라도 땅에 대한 믿음을 잃지 않으면 "어둠에 다시 빛을 비출" 수 있다.

하지만 예속되지 않은 인간들이 자유로운 땅에서 정의와 기쁨으로 실현하는 연대보다 더 그리스적인 것, 더 본질적으로 아테네스러운 것이 있을까? 초월적 정의와 생의 내재적 정의는 늘 일치하지는 않더라도—이 간극을 최소화하는 것이 입법자의 사명일 텐데—결국에는 서로 합류한다. 극단적으로 말해서 한쪽을 짓밟으면 다른 쪽도 반드시 파괴된다고나 할까. 솔론은 말한다. "법을 멸시하면 악이 나라를 뒤덮는다. 법이 지배하면 (…) 거친 것을 고르게 다듬고, 교만을 짓누르며, 폭력을 억제하고, 불행이 꽃을 피우는 동안 말려 죽인다." 이 그리스의 행복주의는 성경의 행복주의와 그렇게까지 동떨어져 있는 것 같지 않다. 참에 대한 지각과 올바름에 대한 감각이 어우러지는 조국애를 고양한다는 점에서 그 둘은 크게 다르지 않다.

그리스도교는 유대교와 헬레니즘의 간극이 가장 크게 벌어졌던 바로 그 시기에 메시아주의 종교와 그리스 신비주의 철학을 절묘하게 종합했다. 그렇지만 그리스 사상과 유대 사상의 공통 토대를 발견하기 위해 더 오래전으로, 유대의 위대한 서정 시인들에게로, 비극 시인들과 호메로스에게로 거슬러 올라가야 한다. 헤시오도스의 군건한 비관주의와 호세아의 자극적인 독설만큼 실질적으로 비슷한 것이 없다. 테오그니스의 반항과 하바꾹의 부름만큼, 욥의 비탄과 아이스퀼로스의 애도가만큼, 아리스토텔레스와 복음서만큼 비슷한 것이 없다. 이 순수한 요소들의 종합은 가능하지도 않았거니와 바람직하지도 않았다. 그러나 참을 말하고, 정의를 선언하고, 신을 찾고, 인간을 기리는 모종의 방법은 있었고 앞으로도 있을 것이다. 성경과 호메로스가 먼저 그 방법을 우리에게 가르쳐주었고, 또다시 가르치기를 멈추지 않고 있다.

라헬 베스팔로프와 함께 나아가다

모니크 쥐트랭

이름은 알고 있었지만 '목소리'를 들은 적은 없었다. 지난 세기 말, IMEC* 도서관에서 드디어 만남이 이루어졌다. 장 발이 뱅자맹 퐁단Benjamin Fondane과 서신으로 주고받은 대화를 찾느라 아카이브 자료를 뒤지던 중에 편지를 주고받은 사람들 명단에서 '라헬 베스팔로프'라는 이름을 발견한 것이다. 불현듯 호기심이 들어서 베스팔로프가 발에게 보낸 편지 열람을 신청했다. 그러고는 한 비범한 여성의 목소리에 완전히 흔들렸다. 내가 느낀 감동을 출판업자 클레르 폴랑에게 털어놓았더니 폴랑은 즉시 그 서신의 중요성을 이해하고 자기네 출판사에서 책으로 내자고 제안했다. 그렇지만 일단 베스팔로프의 딸 나오미 르뱅송에게 허락을 받아야 했다. 르뱅송에게 연락이 닿지 않아서 이 장애물을 극복하기까지 1년이나 걸렸다.

---

* Institut Mémoires de l'édition contemporaine. 현대출판아카이브연구소.

그리하여 나는 일부분 미출간인 데다가 50년 이상 완전히 잊혔던 저작을 발굴하는 모험에 뛰어들었고 그 결과 2003년에 『장 발에게 보낸 편지들 1937-1947: 역사의 가장 너덜너덜한 바탕에서』를 세상에 내놓았다. 그러자 베스팔로프에 대한 독자들의 관심이 새로이 싹텄고 그 덕분에 『전진과 분기』『일리아스에 대하여』가 재출간되었다. 특히 후자는 곧바로 이탈리아어로 번역되었다.

나는 일단 장 발이 "지성과 영혼" 그 자체라고 말하곤 했던 이 여성의 생애를 얘기해보려 한다. 라헬 베스팔로프 Rachel Bespaloff는 어떤 사람이었나? 1895년에 우크라이나 출신 유대계 가정에서 라헬 파스마니크라는 이름으로 태어난 이 여성은 제네바에서 성장했고 제네바 음악원에 들어갔다. 그리고 스무 살에 파리에 왔다. 그녀는 파리에 도착하면서 유배에서 벗어나 마침내 조국이 생긴 기분이었다고 한다. "불현듯 드디어 지상의 내 집에 와 있다고 느꼈습니다. 내가 다시는 느끼지 못할 기분이었지요. 어쩌면 나는 그럴 권리가 없었을 겁니다." 그녀는 음악인으로서 전도유망했지만 1922년에 니심 베스팔로프*와 결혼하면서 음악을 그만두었다. 1927년에 딸 나오미를 낳았다. 미에트라는 애칭으로 불리곤 했던 나오미는 기쁨의 원천이자 끊임없이 관심을 기울여야 할 대상이었다. 1930년에 시아버지 소유의 집이 있는 생라파엘로 내려가면서 그녀는 추방당하는 기분이 들었다. 그때부터 파리를 떠나 있는 모든 시간이 유배 같았다.

그녀가 언제부터 글을 쓰기 시작했는지는 정확히 모른다. 라

---

* 사업가였던 이 남자는 여러 가지 멋진 계획이 많았으나 자주 실패를 맛보았다.
— 모니크 쥐트랭

헬의 작가로서의 재능을 발견하고 그녀 모르게 다니엘 알레비에게 원고를 보여준 사람은 남편이었다. 알레비는 다시 그 원고를 가브리엘 마르셀과 그 외 다른 철학자 몇 명에게 보여주었다. 처음으로 발표된 글은 「마르틴 하이데거에 대한 편지, 다니엘 알레비 선생님께」로 1933년에 『라 르뷔 필로소피크 드 라 프랑스 에 드 레트랑제』에 실렸다. 1932년에서 1939년 사이에 라헬은 이 매체와 『라 누벨 르뷔 프랑세즈』에 여러 편을 기고했다. 이 글들은 키르케고르, 가브리엘 마르셀, 말로, 쥘리앵 그린, 장 발을 다루었다. 1938년에 이 글들을 모은 첫 책 『전진과 분기 Cheminements et Carrefours』가 브랭 출판사에서 출간되었다.

각별한 존재였던 외할머니의 죽음은 라헬에게 큰 타격을 입혔다. 삶에 '금'이 간 느낌은 더욱 심해졌고 죽는 날까지 떠나지 않았다. 뮌헨 협정과 수정의 밤* 이후 그녀는 예언서들을 다시 읽었다. 그 책들만이 그녀가 현재 겪고 있는 일을 말해줄 수 있었다. 장 발과 주고받은 서신에서 라헬 베스팔로프는 유대 민족에게 강요된 치욕의 운명을 받아들이지 않겠다는 거절, 반항, 분노로 울부짖는다.

프랑스를 떠나기는 싫었지만 그녀는 1942년 7월에 남편, 딸, 어머니와 함께 뉴욕에 상륙했다. 미국에 도착하고 처음에는 라디오 국제방송 '더 보이스 오브 아메리카 The voice of America'의 프랑스 담당 부서에서 일했다.** 그 후 장 발의 소개로 마운트 홀리오크 칼리지에서 프랑스 문학을 가르치게 되었다. 그러면서 두 번째

---

* Kristallnacht. 1938년 11월 9일에서 10일로 넘어가는 밤에 나치스 돌격대(SA)와 독일인들이 유대인 상점과 유대교 회당을 습격한 사건.

** 방송국 문서보관소에서 생텍쥐페리의 『인질에게 보내는 편지』를 주제로 한 1943년 6월 29일자 방송 시놉시스를 찾을 수 있었다. — 모니크 쥐트랭

책을 탈고했다. 1939년부터 집필하기 시작한 『일리아스에 대하여 De l'Iliade』는 1943년에 브렌타노 출판사에서 장 발의 서문을 달고 프랑스어로 출간되었고, 그 후 곧바로 영어 번역본이 나왔다.*

미국에서 라헬 베스팔로프는 당시 유럽에서 이주한 이들이 곧잘 "영혼 상실 perte d'âme"이라는 말로 표현하는 현상에 시달렸다. 신세계라는 광막한 땅에서 유럽 문화와 떨어져 있다 보니 자기 자신을 잃어버리는 느낌이 들었던 것이다. 라헬도 자신이 죽음에서 돌아온 망령 revenant이나 다른 행성에서 온 유령처럼 느껴지곤 했다. 실제로 미국인 대부분은 그녀가 어떤 현실에서 도망쳐왔는지 알지 못했다. 그들은 나치의 박해와 공포 체제에 무지했다. 미국이 쇼아(홀로코스트)의 진상을 알게 됐을 때조차도 실상에 대한 소문은 쉬쉬하며 퍼졌기 때문에 무관심은 여전히 남아 있었다. 우리는 그녀의 수첩에서 이런 문장을 읽을 수 있다. "이곳에서 전쟁은 이제 현실성이 없다."

라헬은 유대 민족의 운명에 대한 생각을 좀체 떨칠 수 없었다. 쇼아 이후, 이스라엘 건국은 대학살에 대하여 유일하게 가능한 답처럼 보였다. 라헬 베스팔로프의 이름은 동시대를 살았던 다른 두 여성의 이름과 자주 연결된다. 그 두 여성은 시몬 베유 Simone Weil와 한나 아렌트 Hannah Arendt다. 세 사람 모두 유대인 여성 철학자였고 세 사람 모두 전시에 망명길에 올랐다. 그렇지만 세 사람은 개성이 각기 달랐고 서로 상반되는 사유를 전개하곤 했다. 라헬 베스팔로프는 특히 유대 민족과 항상 연대하는 입장이었음을 짚고 넘어가자.

1945년 이후에 프랑스에 있는 친구들과 주고받은 편지들을

---

* 프랑스에서는 2005년에 알리아 출판사가 재출간했다. ─ 모니크 쥐트랭

읽어보면 그녀의 삶이 매우 열악했음을 알 수 있다. 어떨 때는 너무 고단해서 글을 쓸 기력이나 시간이 없었다. 미국 체류는 유배나 다름없었고 그녀의 정신적 고향은 여전히 프랑스였다. 라헬은 파리의 문화계나 정치계 동향을 친구들에게 열심히 묻곤 했다. 친구들의 주선으로, 특히 보리스 드 슐뢰저가 노력해준 덕분에, 그녀는 반 고흐에 대한 단상들, 몽테뉴에 관한 연구를 발표할 수 있었다. 1946년 3월에는 마운트 홀리오크 칼리지를 방문한 사르트르를 만났다. 그녀는 사르트르의 지성에 깊은 인상을 받았지만 「문학이란 무엇인가?」에는 이견을 피력했다.

1949년 4월 6일, 쉰네 살의 라헬 베스팔로프는 스스로 생을 마감했다. 그녀는 동료들에게 인정받고 제자들에게 사랑받는 사람이었다. 가까운 지인 중 그 누구도 그녀의 균열을 눈치채지 못했다. 심지어 그녀가 극도의 권태를 고백했던 상대들조차도 그녀가 그렇게 깊이 병들어 있는 줄은 몰랐다. 그렇지만 보리스 드 슐뢰저에게 마지막으로 보낸 편지들은 절망의 신호를 보내고 있다. 1948년 8월 25일자 편지에서 라헬은 완전히 진이 빠진 것 같다고 털어놓는다. 그녀는 이런저런 근심에 찌들어 불면증에 시달렸다. 직장을 잃을 것 같다는 두려움이 자주 엄습했고, 더는 쥐어짤 힘조차 없다고 느낄 때가 많았다. 마운트 홀리오크 칼리지의 프랑스문학부 학과장 폴 생통주가 장 발에게 보낸 1949년 5월 29일자 편지를 보면, 그는 낌새를 느끼긴 했지만 그렇게까지 심각한 줄 몰랐다고 한다. 라헬은 자기 어머니와 삼촌의 건강에 대한 걱정으로 굉장히 쇠약해졌던 것 같다.

자살이라는 행위는 지성으로 알 수 있는 것과 말할 수 있는 것 너머의 사적인 비밀에 해당한다. 일이 벌어진 후에야 갑자기 의미심장하게 보이는 문장들을 깊이 숙고할 수 있다. 셰스토프에 관한 장에 등장하는 이 문장을 보라. "나는 자살, 광기, 죽음으로써만—혹은 철학적 활동의 존재 이유도 없애버리는 어떤 창조적 행위로써만—여기서 나갈 수 있다."* 혹은 반 고흐에 대한 이 문장은 어떠한가. "어떤 사람들은 실패라는 숙명의—선택받았다는 혹은 은총을 잃었다는—표시가 찍혀 있는 것 같다." 1947년 12월, 보리스 드 슐뢰저에게 보낸 편지도 보자. "우리는 항상 책임이 있어요. 유죄라는 뜻입니다. 불행히도 자기 자신과 끊어질 수는 없습니다. 우리는 자유롭고도 자유롭지 않습니다."

≈

이제 작품의 철학적 도정道程을 따라가 보려 한다. 초기 글들은 철학이자 문학 저작에 기대어 나아가는 '전진'이다. 하이데거, 키르케고르, 셰스토프…. 열정적인 애서가였던 라헬은 자신에게 흥미로운 저작들을 읽고 잘 이용하여 자신의 사상을 정교하게 다듬어나갔다. 그러나 정말로 독창적인 성찰을 전개하기 시작한 것은 『일리아스에 대하여』부터다. 그녀는 말년에 비극을 주제로 쓴 글들, 그리고 연구서 『자유와 순간 La liberté et l'instant』에까지 이 탐구를 이어나갔다. 이 연구서는 그의 세 번째 책이 될 예정이었으나 완성되지 못했고 일부 원고만 남았다. 편지들로 미루어 볼 때, 집필은 1947년 여름부터 시작했던 것 같다.

---

* 「니체 앞의 셰스토프」, 『전진과 분기』, 브랭, 1938.

레프 셰스토프와의 만남

라헬이 철학에 눈을 뜨게 된 데에는 레프 셰스토프*와의 만남이 결정적이었다. 셰스토프와 친한 사이였던 부친 다니엘 파스마니크가 1925년에 라헬을 소개했다. "나는 레프 이사코비치의 글은 이제 두어 문장밖에 기억나지 않지만 그의 말이 내 안에서 결코 꺼지지 않을 그 무엇을 깨웠습니다"라고 1939년에 라헬은 셰스토프와 사별한 그의 아내에게 편지를 쓴다. 아마도 라헬은 철학적 사유는 갈등에서만 태어날 수 있다는 이 신념을 셰스토프에게서 얻었을 것이다. 셰스토프가 죽기 얼마 전, 『전진과 분기』에서 이 철학자에게 할애한 장 「니체 앞의 셰스토프」 때문에 둘 사이에 모종의 갈등이 있었다. 라헬 베스팔로프는 여기서 니체의 반항과 대조되는 추상적이고 결실 없는 반항을 비판했다. 그녀는 셰스토프에게 더 구체적인 지원, 더 즉각적인 도움을 기대했다. 더욱이 셰스토프가 그토록 공격하는 이성은 생의 비극을 해결하는 만병통치약이 될 수 있다. 그렇지만 베스팔로프는 "셰스토프와 맞서기는 어렵거니와 셰스토프를 이기는 것은 아예 불가능하다"고 고백하고 그를 '자신의 고유한 진리의 증인'이라고 말한다. 이 일로 인해 셰스토프는 이해받지 못한 상처가 깊었던 반면, 베스팔로프는 이견이 있을지라도 신의는 여전할 수 있음을 셰스토프가 받아들이지 못한다고 아쉬워했다.

그렇지만 베스팔로프는 셰스토프가 전개한 투쟁의 의미를 제대로 파악하지 못했던 것 같다. 뱅자맹 퐁당은 그 투쟁을 '비非

---

* Lev Shestov(1866-1938). 본명은 레프 이사코비치 셰스토프(Lev Isaakovich Shestov)로, 러시아 출신의 실존주의 철학자다.

체념irrésignation'이라는 용어로 지칭한다. 이것은 단순한 반항이 아니라, 경직을 낳는 지식과 필연을 체념하고 받아들이기를 거부하는 것이다. 비체념은 모든 조정을 배제하는 진정한 행위, 생의 힘이다.* 그렇지만 베스팔로프도 몇 년 전 뱅자맹 퐁단에게 보낸 편지에서 셰스토프와 하이데거를 비교하고 셰스토프의 용기, 타협을 거부하는 절대적 불용不容의 목적을 높이 평가했다.

베스팔로프가 두 경향 사이에서 갈등하는 자신의 근본적 모순을 의식하고 있었다는 얘기를 해두자. 그녀는 한편으로 안심되는 모종의 합리주의에 이끌리면서도 거기에 안주하기는 거부했다. 그리고 다른 한편으로는 니체나 키르케고르 같은 사상가들에게 완전히 감화되고 싶다는 욕망도 있었다. 그녀는 장 발에게 야스퍼스 철학이 자기에게 너무 잘 맞는다고 털어놓은 적이 있다. 야스퍼스 철학은 자유를 배제하고 윤리학과 결코 분리되지 않는 '패자'의 철학이다.** 그녀 자신은 자주 체념하고 '불운'이라고 하는 것, 다시 말해 자신을 넘어뜨리는 일종의 숙명을 따를 때가 많았지만 말이다. 그것은 숙명과 반항 사이에서 갈등하며 자기 자신과 싸우는 사유였다.

그렇지만 베스팔로프가 셰스토프와의 만남을 계기로 실존적 문제들에 눈을 뜨고 체계적 사상에서 벗어나 비로소 독자적으로 문제를 제기할 수 있었다는 점을 기억하자. 『전진과 분기』

---

* 뱅자맹 퐁단은 『불행한 의식』(데노엘, 1936) 서문에서 철학을 "존재자가 자기 안팎에서, 삶의 가능성 자체를 찾으면서 자기 자신의 실존을 위치시키는 행위"로 정의한다. ─ 모니크 쥐트랭
** 다니엘 알레비에게 1937년 12월 19일에 보낸 편지에도 동일한 생각이 나타나 있다. 장 발은 셰스토프와 생각이 달랐기 때문에 베스팔로프의 비판에 동조하는 입장이었음을 밝혀둔다. 심지어 장 발은 베스팔로프가 너무 '셰스토프화'되었다고 비난하기도 했다. ─ 모니크 쥐트랭

의 서문에서 주장했듯이, 참된 작품은 "생에 의미를 주는, 불확실성들로 이루어진 보물"이고 작품에 대한 이해는 거기에 자기 삶을 끌어들이는 독자에게만 주어진다. 베스팔로프는 이 자유의 요구로 무장하고서 여러 작가와 철학자의 저작을 가차 없이 뜯어볼 것이다.

"사슬에 매인 자유", 마르틴 하이데거와 가브리엘 마르셀

베스팔로프는—뱅자맹 퐁단과 조르주 귀르비치와 더불어—프랑스에서 하이데거에 처음으로 주목한 사람 중 하나였다. 1933년 『라 르뷔 필로소피크 드 라 프랑스 에 드 레트랑제』에 맨 처음 발표된 기고문이 바로 하이데거를 다루고 있었다.* 다니엘 알레비에게 보내는 편지 형식을 취하는 이 글에서 베스팔로프는 『시간과 존재』에 나타나는 하이데거 사상을 설명한다. 그녀는 하이데거의 무 개념—"역동적 무"—개념을 높이 산 반면, 자유에 대한 이 철학자의 시각에는 실망했다. "자유에 다다르기 위한 하이데거의 모든 노력은 허망해 보인다." 사실 베스팔로프가 보기에 그런 것은 "날개가 잘려 나가고 사슬에 매인 자유"였다. 하이데거를 읽으면서 그녀는 순간을 찬미하는 『파우스트』 2권의 대단원이 자꾸 생각났다. 그렇지만 파우스트는 구원받는 반면, 하이데거의 저작에는 은총이나 순수가 들어설 자리가 없다. 베스팔

---

* 도미니크 자니코가 이 기고문을 『프랑스에서의 하이데거』(제1권, 알뱅 미셸, 2001, 165쪽)에서 언급한다. 저자는 이 논문이 프랑스에 하이데거가 처음 소개되었을 당시 그의 철학에 영감을 받은 글 중 가장 아름다운 것에 해당한다고 평했다. — 모니크 쥐트랭

로프는 이 꽉 막힌 세계에서 숨을 쉴 수 없었고 차라리 먼바다의 바람이 파고들 수 있는 사유가 마음에 맞았다. 1933년 8월 28일, 그녀는 셰스토프에게 이렇게 쓴다. "키르케고르와 후설에게 빌려온 것들을 제하고 나면 하이데거에게 남는 게 뭔가요?"

『전진과 분기』의 한 장에서 베스팔로프는 가브리엘 마르셀을 파고들면서 이 철학자의 진정성과 용기를 높이 사지만 이미 "사유의 통행으로 평탄하게 다져진" 길로만 나아간다고 비판한다. 특히 마르셀이 자유의 문제를 회피한다고 지적하면서 그를 자유의 본성을 문제 삼지 않고 단지 "구원을 통한 자유"를 요구했던 랭보와 비교했다. 베스팔로프는 하이데거의 "사슬에 매인 자유"를 가브리엘 마르셀에게서도 발견했던 것이다. 그리고 그 둘을 키르케고르 사상과 대립시킨다. 그녀는 가브리엘 마르셀에게 보내는 1935년 9월 17일자 편지에서 키르케고르를 만나기 바란다고 말한다. "오직 키르케고르만이 다른 모든 논객들과 동떨어져 있습니다. 당신이 그의 박해에 귀의하기를 바랍니다."*

키르케고르를 발견하다: 윤리-종교에 대하여

1935년에 베스팔로프는 이 덴마크 철학자의 사상을 발견하고 윤리-종교 범주에 근거하여 인간의 자유에 대한 자신의 성찰에 토대를 마련했다. 그녀는 『라 르뷔 필로소피크 드 라 프랑스 에 드 레트랑제』를 통하여 키르케고르에 대한 글을 두 편 발표했는데

---

* 라헬 베스팔로프가 가브리엘 마르셀에게 보낸 편지는 『콩페랑스(Conférence)』 18호(2004)에 수록되어 있다. — 모니크 쥐트랭

두 편 모두 나중에 『전진과 분기』에 수록되었다. 하지만 이 범주에 대하여 더 명확한 설명은 장 발의 『키르케고르 연구』에 대한 베스팔로프의 해설에 나타나 있다. 알다시피 키르케고르 철학에서 종교와 윤리의 관계는 복잡하다. 윤리-종교는 우리가 '윤리'나 '도덕'이라는 말로 지칭하는 바와 근본적으로 다르다. 『두려움과 떨림』이 환기하는 성경 일화에서 아브라함은 도덕을 넘어선 신의 부름을 따라 외아들 이삭을 제물로 바침으로써 종교를 구현한다. 이때 갑자기 계시가 떨어지고 인간과 신 사이의 무한한 거리가 드러난다.

베스팔로프는 윤리의 영역은 이미 실존의 영역이라는 장 발의 주장에 기대어, 윤리에 본연의 비극적 차원을 돌려주기 원한다. 여기서 중심에 놓이는 것이 바로 자유의 문제다. 인간의 현실적 가능성들에 대한 다른 생각이 싹트고, 더 이상 필연이 지배하지 않는다. 이제 인간은 신에게 모든 것이 가능하다고 주장할 수 있다. 베스팔로프는 그의 생각을 이렇게 요약한다. "키르케고르와 니체 이후로 윤리는 더 이상 실존의 너머나 그 위, 혹은 그 옆에 있지 않다. 이 철학자들에게나 우리에게나 윤리는 자신을 만들어가거나 해체하는 과정에 있는 인간의 (…) 조건의 각별한 반영이다." 라헬 베스팔로프는 이 윤리적 사유를 탐색하고 심화하기를 결코 멈추지 않았다.

베스팔로프의 '순간' 개념, 즉 "시간과 영원이 접촉하는 이 애매성"은 키르케고르에게서 가져온 것이다. 순간 속에서 그 자체로 압축된 실존 전체가 자유의 가능성에 대하여 열리고 미래로 향한다.

사르트르와 카뮈

전후에 베스팔로프는 사르트르와 실존주의자들이 순간을 폐지해버렸다고 비판했다. 그녀가 미완으로 남겨놓은 말년의 원고 중에 '실패의 시인 플로베르와 실존주의'라는 제목의 글이 있다. 여기서 플로베르는 실존주의자라는 단어가 만들어지기 전부터 이미 실존주의자였던 인물로 제시된다. 아마 이 글은 그녀가 마지막으로 시도했던 방대한 연구서 『자유와 순간』의 일부분일 것이다. 베스팔로프는 플로베르의 신 없는 신학을 환기하면서 신이 사라지는 곳에 무無가 자리 잡는다고 주장한다. "신의 자리를 공백, 부재, 무가 차지한다. 그 자리는 파스칼이 말하는 증거로 가득한 공허, 사르트르가 말하는 구멍이 된다. 플로베르가 묘사하는 시간성은 분명히 실존주의자들의 시간성이다. 단지 플로베르는 순간을 남겨둔다는 차이가 있을 뿐이다. 그 이유는 플로베르가 관조, 아름다움, 영원을 남기기 때문이다."

1946년 3월 2일에 보리스 드 슐뢰저에게 보낸 편지는 사르트르의 마운트 홀리오크 칼리지 방문을 언급한다. 사르트르는 이 학교에서 현대 프랑스 문학을 주제로 강연을 했다. 베스팔로프는 "열광했다고" 고백한다. "얼마나 놀라운 자극을 주는 말이었는지! 그의 뛰어난 지성에는 저항할 수 없는 뭔가가 있었어요." 그녀는 사르트르와 생각나는 대로 이런저런 주제로 토론을 했고 굉장히 마음이 잘 맞았다고 덧붙인다. "우리가 모든 면에서 의견이 일치했다는 말은 아닙니다. 그럴 리가요." 그녀는 사르트르의 지성에 감탄하고 그의 "우상파괴적" 시도를 높이 평가했지만 예술 작품에 대한 사르트르의 생각은 받아들일 수 없었다.

베스팔로프는 『레 탕 모데른』에 실린 「문학이란 무엇인가?」

를 읽고서 근본적인 의견의 차이를 절감하고 1947년 11월 『퐁텐』에 기고문을 싣는다. 비판의 골자는 사르트르가 "예술 활동의 본질적 계기를 폐지함으로써 예술을 역사에 가둬버린다"는 것이다. "시각 자체에서, 관조에서, 작품뿐만 아니라 정치가 (적어도 어떤 모종의 정치가) 비롯된다." 베스팔로프에 따르면 사르트르는 내면성의 계기를 없애버린다. 이것이 "변조의 진정한 재능"을 입증한다. 그녀는 플로베르, 보들레르, 모파상 등에 대한 "철저한 음해의 방법"을 불쾌하게 여기며 이렇게 결론 내린다. "이 철학자가 700쪽에 걸쳐 우리에게 자유에 대해 말해봤자 소용없다. 그는 우리를 해방시키지 못한다." 하지만 나중에 베스팔로프는 「문학이란 무엇인가?」의 결말부를 제대로 읽기도 전에 성급하게 글을 썼다고 후회한다. 그리고 1947년 11월 23일에 사르트르에게 보내는 편지에서 이를 해명한다.

사르트르와 카뮈가 불화를 겪을 때 베스팔로프는 카뮈 편에 섰다. 다니엘 알레비에게 보내는 1947년 4월 14일자 편지에서 두 사람의 사상적 반목을 언급하고 자신은 "카뮈를 지지한다"고 딱 잘라 말하기도 했다. 사후 발표된 마지막 기고문 「사형수의 세계」는 『이방인』과 『시시포스 신화』부터 『페스트』 『칼리귈라』를 거쳐 『오해』에 이르는 카뮈의 작품세계를 살펴본다. 베스팔로프는 자신이 강박적으로 매달려왔던 자유, 윤리, 악, 죽음의 문제를 마지막으로 고찰했던 것이다. 그녀는 역사적으로 카뮈가 말로나 사르트르처럼 비명횡사가 대수롭지 않은 세대에 속해 있다고 지적한다. "아마 그 어떤 시대에도 죽음에 대한 생각이 제멋대로인 잔인함의 극치와 그토록 전적으로 결부되지는 않았을 것이다." 베스팔로프는 카뮈에게서 "죽음에 반항하는 지상의 삶을 향한 열정"을 알아보았다. 카뮈는 그녀와 같은 오르막길을 걸어

올라가면서도 함정에 빠지지 않은 형제였다. 카뮈는 체계를 세우려 하지 않고, 자기 자리를 주관성에 두며, 무엇보다 역사가 인간의 내면보다 우위에 서게 하지 않았다. 베스팔로프가 보기에 카뮈의 모든 모순은 그가 역사 속에서 "구원을 통한 자유"를 찾으면서도 자유를 역사 속에서 행동하는 자유로 환원하지 않았기 때문에 비롯된다. 그녀는 카뮈가 고전의 가르침과 키르케고르, 도스토옙스키, 셰스토프의 가르침을 조화시킬 수 있다고 보았다. 카뮈는 그가 스승으로 삼았던 위대한 실존주의 사상가들의 충실한 제자요, "신음하며 찾는" 이들 중 하나였다.

비극의 사유와 윤리의 사상

제2차 세계대전이 임박하자 베스팔로프는 역사 속에서의 독해에 몰두했다.

진정한 해석학은 비극을 통해서만 가능한 걸까? 역사의 함정에 빠진 채 출구를 찾는 인간만이 텍스트에 의미를 부여할 수 있는 게 아닐까? 라헬 베스팔로프의 독해는 여전히 열려 있는 이 질문으로 우리를 끌고 간다.

베스팔로프는 두 번째 저서인 『일리아스에 대하여』에서 윤리의 사유를 다시 취하여 더욱 깊이 성찰한다. 1938년, 그녀는 고교생이던 딸과 함께 『일리아스』를 다시 읽으면서 책으로 발전시킬 만한 사유의 단초들을 메모했다. 그녀는 당시 시몬 베유도 『일리아스』를 다시 읽고 있다는 것을 몰랐고 1941년 12월에야 장 그르니에를 통해서 그 사실을 알게 된다. 하지만 장 발이 이 책의 서문에서 말하듯 시련의 시간에 서양 사상이 자신의 뿌리를 돌아보게 된 것은 자연스러운 이치 아닌가? 그렇지만 니체는 아폴론적인 것과 디오니소스적인 것을 대립시키고 셰스토프가 아테네와 예루살렘을 대립시킨 반면, 베스팔로프는 헬레니즘과 성경의 사상을 화해시키려 했다.

　마법적 사고 이후에 등장했으되 아직은 변증법적이지 않은 이 시기의 그리스 사상을 고찰하면서 베스팔로프는 어떤 특수한 형태의 사유를 분별했다. 이 사유는 기본적으로 윤리적이고 성경에 나타나는 사유와 흡사하다. 베스팔로프에게 윤리의 사유는 비극의 사유와 한데 섞여 있다. 그녀는 이 사유를 "선택의 부재가 결정을 판가름하는 완전한 절망의 순간들에 대한 앎"으로 정의한다. 이 특수한 사유 양식은 구체적 방법을 전하지 않지만 인간이 삶의 전환점에서 자기 자신과 부딪칠 때마다 중요시된다. 윤리적 경험은 그 경험 자체를 초월하는 행위들을 통해서만 구체화된다. 그래서 시가 증명해주지 않는다면 그러한 경험은 아무런 흔적을 남기지 못할 것이다. 그 이유는 시가 윤리적 경험의 진실을 복원하기 때문이다. 성경의 종교와 운명의 종교가 다 그 경험을 토대로 삼는다. 그녀가 예로 든 몇몇 작가만 언급하자면 블레이크, 키르케고르, 니체는 모두 전적으로 시의 언어에—그 아포리즘에, 그 역설에—의탁했다. 윤리적, 비극적, 시적 경험의 관계가 이렇게 드러난다.

　베스팔로프는 이 책의 첫 장에서 안드로마케의 남편 헥토르를 '저항의 영웅'으로 간주한다. "그에게는 생 자체를 희생해서라도 지킬 가치가 있는 행복에의 의지가 있다." 저자는 힘과 약함이라는 개념들을 고찰하면서 『일리아스』의 대단원, 즉 프라이모스와 아킬레우스의 식사 자리를 오랫동안 살펴본다. 프리아모스는 승자의 발치에 엎드려 머리를 숙이고 헥토르의 시신을 넘겨달라 청한다. 그렇지만 이 엎드림은 허탈이 아니다. 이것은 폭력의 기제에 대한 위반이다. 이로써 승자 아킬레우스는 다시 '어린 시절과 죽음을 짊어진' 인간이 된다. 그리고 이것이 『일리아스』의 가장 아름다운 침묵이다.*

베스팔로프는 또한 우리에게 주목할 만한 「비극의 정신에 대한 성찰」을 남겼다. 이 글은 기본적으로 비극과 자유의 관계를 분석한다. 비극적 상황의 고유성은 자유가 명확해지는 시련과 자유가 휘청거리는 함정을 동시에 제공한다는 것이다. 역사의 폭풍이 비극적 영웅들을 문학으로 복귀시켜왔음을 그녀는 확인한다. 베스팔로프는 이러한 관점에서 사르트르의 『파리떼』를 살펴보고 비극적 영웅이 "자유라는 형벌을 받은" 존재라는 주장을 부정한다. 오히려 그의 자유에 죄가 있다. "죄는 존재에 있고, 무는 실존에 있으며, 실패는 인간 조건 안에 있기 때문이다." 한편 카뮈는 비극의 정신에 좀 더 충실해 보인다. 『오해』는 희곡 전체가 이중의 거부―인간에 대한 거부이자 신에 대한 거부, 반항적 자유의 부정과 신 혹은 숙명에 대한 부정―를 토대로 삼는다. 신 앞에서, 죽음 앞에서 인간의 자유는 역설적이다.

현대 비극의 진정한 주제 역시 죽음 혹은 신의 침묵 아니던가? 이것이 비극의 사유가 부딪치는 장애물이다. 베스팔로프는 왜 사르트르와 카뮈가 비극을 윤리에서 떼어내기를 원했는지 이해할 수 있다고 말한다. 윤리는 종교적 절대성에서 떨어뜨려놓기 위해 유예된다.

---

* 이 사유는 페기의 글에서 영감을 받은 것이다(「유사한 애원자들(Les suppliants parallèles)」, 『카이에 드 라 캥젠(Cahiers de la Quinzaine)』 7호, 1905-1906). 문서보관소에 타자로 정서한 문단이 남아 있다. ―모니크 쥐트랭

"자신의 부재 속에 숨은 신"

생애 말년에 쓴 글들을 보면 신의 침묵이라는 주제가 강박적으로 자주 드러난다. 베스팔로프는 장 발이 전쟁 중에 쓴 시를 해석하면서 신과의 역설적 관계를 지적한다. 이 관계에서 신앙과 신앙의 부정은 피차 어느 쪽도 상대를 제압하지 못한다. 그렇지만 어떤 부재하는 신, "자신의 부재 속에 숨은 신"과의 진정한 관계는 존재한다. 게다가 장 발은 드랑시 수용소에 있는 동안 전능한 신으로서의 그리스도에 대한 생각에 시도 때도 없이 시달렸다. 베스팔로프 자신도 침묵하기만 하는 버림받은 신에게 바치는 기도 형식의 시를 쓰려고 한 적이 있다. 신의 문제, 더 정확히 말하자면 신의 부재와 침묵의 문제는 쇼아 이후 몇 년간 베스팔로프의 뇌리에서 떠나지 않았다. 사후 발견된 원고 중에 이런 글이 있다. "길었던 발악에서 빠져나오니 넋이 다 나갔다. (…) 신은 버림받았다. 아무도 신을 위해 죽기를 원치 않았다. 아무도 신을 위해 살기를 원치 않았다. (…) 그러나 신은 전쟁 내내 침묵했다. 오직 군대의 신만이 놀라운 음성으로 말했다. 나라들을 지배하고 영혼들을 헤아리지 않는 신. 성경의 신과 그리스 신화의 네메시스." 줄을 박박 그어 지운 데가 많은 이 글은 이렇게 끝맺는다. "나는 신이 죽었다고 말하지 않는다. 죽은 것은 내가 신에 대하여 품었던 이미지다. 다시 자신을 드러내는 것은 신의 몫이다."*

---

* 쇼아에 대한 신의 침묵과 무기력에 대한 이 생각은 한스 요나스가 1984년에 발표한 『아우슈비츠 이후의 신 개념』을 예고하는 듯하다. 이 책의 저자는 신의 선의와 악의 존재가 양립할 수 없는 이유는 신이 전능하지 않고 더 이상 세상에 개입할 수 없기 때문이라고 주장한다. 이러한 논증은 신이 물러남으로써 인간의 자유가 들어서게 되었다는 '침춤(tsimtsoum)' 개념을 동원한 이삭 루리아의 카발라 사상에 근거한 것이다. ─ 모니크 쥐트랭

같은 시기에 카프카에 대해서 쓴 미완성 초고*에도 이러한 관심이 드러난다. "카프카는 아마도 성경의 범주들 안에서 사유하고 성찰한 유일한 작가일 것이다. 카프카의 작품은 욥의 심판의 재탕과 재개 그 이상도 그 이하도 아니다. 이 심판은 이중적이다. 때로는 신이 욥을 고발하고 인간의 심판정 앞에 세우지만 때로는 신의 정의 앞에 인간이 만들어진다. 카프카도 욥처럼 무죄를 호소한다. (…) 욥에게 그렇듯 카프카에게도 이건 죄와 은총의 문제가 아니다. 이것은 법의 문제, 성스러운 법의 문제, 법에 대한 위반 문제다. (…) 하지만 그 법이 무엇인가? 어떻게 그 법을 알 수 있으며 누구에게 그것을 물어야 하는가? (…) 카프카는 신이 죽었다고 말하지 않는다(내 생각에는 그렇게 생각하지도 않는다). 그는 우리를 악몽 속에 가둬놓는다. 거기서 벗어나는 건 우리 몫이다. 나는 그보다 더 절감한 적이"**

베스팔로프는 보리스 드 슐뢰저에게 보내는 1946년 3월 2일자 편지에서 자신이 신과의 관계에서 느끼는 어려움을 호소한다. 그녀는 유대교를 통해서도, 그리스도교를 통해서도, 무신론을 통해서는 더욱더 신에게 다다르지 못한다. "요컨대, 신에 대한 나의 입장은 그의 부재를 안다는 것뿐입니다. 하지만 신의 부재는 전체에 일종의 의미를 부여합니다. 이 부재가 있습니다. 이 부재가 지배합니다." 그리고 이 참을 수 없는 상황을 빠져나오지 않고

---

* 카프카와 관련한 이 메모는 레프 셰스토프와 뱅자맹 퐁당의 사유와 동일선상에 있다. 베스팔로프는 「비극의 정신에 대한 성찰」이 실린 『되칼리옹』 제2호에서 뱅자맹 퐁당의 사후 발표글 「카프카 또는 절대적 합리성」을 틀림없이 읽었을 것이다. 저자가 말년에 쓴 글들에는 퐁당, 그리고 셰스토프와의 사후 대화의 흔적이 나타나 있다. ─ 모니크 쥐트랭
** 미완결 문장. ─ 모니크 쥐트랭

살아내야 한다고 덧붙인다.

참여적인 읽기

"작품에 대한 이해는 거기에 자기 삶을 끌어들이는 독자에게만 주어진다." 『전진과 분기』의 서문에서 읽을 수 있는 문장이다. 베스팔로프의 참여가 실존주의적이라는 점을 일러두자. 이 참여는 정치적이거나 문학적인 교의에 합류하는 것이 아니다.

베스팔로프가 말년에 쓴 글 중에서 1945년에 샤를 페기의 인본주의人本主義를 다룬 글을 인용해보자. 그녀는 이미 1932년 7월 18일에 다니엘 알레비에게 쓴 편지에서 인본주의는 승리의 균형이 아니라 곤란하고 위험하며 무너지기 쉬운 입장이라고 정의했다. 베스팔로프는 페기를 현재의 사건들에 비춰 다시 읽는다. 페기가 제1차 세계대전 당시에 쓴 글이 그녀에게 놀랍도록 시의성 있게 다가왔다. 이 '다시 읽기'가 특정한 역사적 맥락, 다시 말해 제2차 세계대전과 나치의 야만과 유대 민족의 비극에 위치해 있었기 때문에 그럴 만도 했다. 베스팔로프는 "유대 민족의 끔찍한 운명"을 제대로 보았던 페기의 혜안에 주목했다. 이 민족은 그들이 원하든 원치 않든 간에 언제나 피를 흘리며 영원한 구원의 사람들과 일시적 구원의 사람들을 나누는 경계선을 따라갈 운명이었다. 그녀는 페기의 『첨부 노트 Note Conjointe』와 『돈 연작 L'Argent Suite』에서 유대 민족의 역사를 환기하는 대목들을 인용한다. 유대인들은 흩어져 살기 시작한 이래로 "국가와 군대의 뒷받침 없이 이어진 정신적 민족"의 유일한 예다. 베스팔로프는 페기가 이스라엘 문제를 강생incarnation 관념에 비춰 성찰하고 오늘날에도 여전히 유대 민족이 검토하고 해결해야 할 사안들로서 제시했다고 주장한다. 당시는 1945년, 아직 이스라엘 국가가 수립되기 전이었고 건국을 둘러싼 논쟁이 뜨거웠다. 우리가 알다시피 베스팔로프는 시온주의의 이상을 지지했다. 희한하게도 페기의 사유는 베스팔로프가 시온주의를 더욱 깊이 사유하고 신념을 굳히는 계기가 되었다. 그녀는 드레퓌스 사건에 페기가 취했던 입장을 상기시키면서 그 사건 당시의 프랑스 상황과 1933-1938년의 프랑스 상황을 나란히 비교한다. 그러면 놀랍도록 흡사한 딜레마가 보인다. 시민 한 사람을 위해 나라를 잃을 수 있나? 히틀러의 유대인 박해를 막기 위해 국민 전체의 삶을 내놓겠는가? 국가를 위하여 드레퓌스를 희생시키고 나치 독일의 희생자들은 그들의 팔자에 맡기는 것이 합당치 않은가? 페기의 말을 떠올려보라. "인류에 대한 단 하나의 불의, 단 하나의 범죄, 단 하나의 모욕조차도, 특히 그것이 합법적으로 편하게 받아들여진다면" 국민 전체의 수치일 수 있다. 이 윤리적 사유의 요구에 있어서 베스팔로프는 페기와 근본적으로 일치한다.

    1947년 11월의 팔레스타인 분할에 그녀가 느낀 감격도 이해할 만하다. "그렇다고 해도 이번만은 유대 민족이 학살이 아니라 싸움을 받아들인 위대한 순간입니다. 불행히도 대등하지는 않은 싸움일뿐더러, 결국 불균형은 심화될 수밖에 없다는 점에서 나는 두렵습니다"라고 장 발에게 보낸 1947년 11월 13일자 편지는 말한다. 베스팔로프는 기뻐하면서도 "가슴이 미어졌고" "동양과 서양 사이에 끼인 채 너무 큰 희망과 너무 큰 미움을 집중시키는 이 작은 공동체"의 미래를 걱정했다. 1948년 이스라엘 건국은 베스팔로프에게 한없는 기쁨을 안겨주었다. 그녀가 보기에 건국은 "대학살에 대응할 수 있는 유일한 해결책"이었다.* 그전에, 그러니까 1943년에 그녀는 유대 민족에게 따라오는 딜레마를 설명했다. 자기가 사는 국가에 완전히 동화되어 '여느 국민들과 똑같은 국민'이 되든가, 시온주의에 합류하여 '여느 민족들과 똑같은 민족'이 되든가. 동화된 유대인의 이중 소속이라는 문제는 이중 국적의 문제로 환원될 수 없다. 사실 베스팔로프는 유대교를 '초월성 절대성에 대한 국가의 윤리적 관계'에서 표현되는, 종교와 국민성의 융합으로 정의한다. 그녀에 따르면 유대 민족은 사라지든가 다시 태어나든가 양자택일을 해야만 한다.

동시에 베스팔로프는 유대교의 가치와 그리스도교의 가치 모두가 케케묵은 퇴물이 되어버리는 것을 보았다. 1949년에 가스통 페사르 신부에게 보낸 편지는 "단 하나의 가치도 다시 주조되기 위해 우리가 겪었던 고통의 도가니에 던져져서는 안 됩니다"라고 말한다. 말년의 원고들에서는 여러 작가를 비극에 도전하는 능력이라는 면에서 평가한다. 그러고는 비극을 무시하고 거리를 두었던 몽테뉴의 지혜가 과연 무슨 가치가 있는지 반문한다. "도살장으로 가는 가축 수레 속의 생명을 축복할 수 있는가?" 미완성 원고에서도 이러한 성찰을 엿볼 수 있다. "그러나 최후의 선택이 더 이상 존재하지 않는 곳에, 가축 수레 안에서, 가스실에서, 혹은 고문에 못 이겨 죽어가는 상황에서, 인간이 자신의 파괴를 넘어서까지 자기 존재를 긍정할 수 있는 궁극의 방편을 찾는가? 이 질문에는 답할 수 없다. 답할 수 있는 자들은 모두 살아남지

---

* 라헬 베스팔로프는 부모와 마찬가지로 시온주의를 지지했지만 이스라엘에 가서 살 마음은 없었다. 그렇지만 그의 부친 다니엘 파스마니크가 20세기 초에 시온주의 지도자이자 이론가로 활동하면서 시온주의를 표방하는 러시아어, 이디시어, 독일어, 히브리어, 폴란드어, 크로아티아어 매체에 다수의 글을 기고했다는 사실을 기억하자. ─ 모니크 쥐트랭

못했으니까. 순간의 변증법은 이 불가능한 대답에 달려 있다."

　　유대 사상과 그리스 사상을 밑거름으로 삼고 파스칼과 페기, 키르케고르와 니체를 동시에 바라보았던 이 실존적 사유는 셰스토프의 질문들을 만나 깨어났다. 그리고 이 사유는 철학과 생을, 독서와 실존을 분리하지 않고 끊임없이 질문하며 다른 사유들도 깨웠다. 그 여정은 윤리적 경험과 하나가 되었다. 베스팔로프는 스스로 뛰어들어 존재들을 간파하고자 했다. 1938년 11월 8일, 그녀는 장 발에게 이렇게 쓴다. "뭔지 모를 존재의 비밀에 이끌리는 까닭은 자기 안을 더욱 선명히 들여다보기 위함일까요, 자기로부터 해방되기 위함일까요? 존재가 자기에게 부여하는 진실이 아니라 존재는 '존재한다는' 진실은, 그것을 실제로 자기 것으로 삼지 않는 한 결코 해독할 수 없습니다."

모니크 쥐트랭(Monique Jutrin, 1938-)은 프랑스어로 글을 쓴 유대계 작가들을 전문적으로 연구해왔고 텔아비브 대학교 교수를 지냈다. 뱅자맹 퐁당 전집의 책임편집을 맡고 있다.

편집 후기

책상에는 원서와 교정지, 시몬 베유의 책, 『일리아스』 새 번역본 그리고 종이 한 장이 있다. 이 책에서 다루고 있는 『일리아스』의 등장인물과 그들의 관계를 연필로 간략하게 적은 종이인데 교정 보면서 만든 거다. 패배를 알면서 어쩔 수 없이 아킬레우스와 전쟁을 벌여야 하는 헥토르와 어머니 테티스 앞에서만 긴장을 풀고 인간적인 아들로 돌아오는 아킬레우스, 아들 헥토르의 시신을 돌려받기 위해 아들을 죽인 아킬레우스에게 고개를 숙여야 하는 프리아모스의 모습이 한눈에 보인다. 직접 전쟁에 나서지는 않으면서 인간들이 전쟁을 벌이기만을 바라는 신들까지도. 『일리아스』에는 착한 사람, 나쁜 사람으로 나눌 수 없는, 고통에 빠진 사람들이 가득하다.

제2차 세계대전이 한창이던 1943년에 발표된 『일리아스에 대하여』는 한나 아렌트가 "『일리아스』에 관해 출판된 가장 흥미로운 작품 중 하나"라고 언급했던 작품이다. 『일리아스에 대하여』는 이보다 몇 년 앞선 1939년에 발표된 시몬 베유의 『일리아스 또는 힘의 시』와 자주 비교된다. 라헬 베스팔로프와 시몬 베유가 동시대를 살았던 여성, 유대인이었고, 철학자였으며, 프랑스를 점령한 나치를 피해 미국으로 망명을 떠났다는 공통점도 있겠지만 교류한 적도 만난 적도 없는 두 사람이 비슷한 시기,

'일리아스'를 주제로 글을 썼다는 건 우연은 아니었다. 폭력의 역사가 쓰이는 한가운데 두 사람이 과거로 눈을 돌려 해법을 찾으려고 한 시도는 어쩌면 숙명이었다. 두 철학자는 『일리아스』에 대한 비판적 성찰을 통해 인간의 존재와 존재에 대한 깊은 이해로 나아간다. 두 작품은 2005년 '전쟁과 일리아스 War and the Iliad'라는 제목으로 함께 묶여 영문판으로 출판되기도 했다. 지금도 전 세계 곳곳에서 고도화되고 있는 대립과 반목이 이 주제를 여전히 유효하게 한다. 그리고 지금 우리 곁에 이 책이 도착했다.

혼돈의 시대다. 우리는 2024년 12월을 잊지 못하게 되었다. 오랫동안 쌓아 올린 가치가 한순간에 무너지는 것을 목격했다. 계절은 봄으로 건너왔지만 우리의 일상은 아직 그 시간을 배회한다. 책을 읽는 일이 사치처럼 느껴진다. 하다못해 책에서 따뜻한 위로라도 얻을 수 있다면 나았을지 모르지만 불행히도 이 책은 그렇지 못하다. 라헬 베스팔로프는 말한다. "어차피 모든 것이 가혹한데 인생의 무엇이 그리 가혹하겠는가." 비참한 운명에 내몰린 사람들은 패배할 뿐이고 승리한 아킬레우스는 자신이 기쁜 건지 슬픈 건지 알 수 없다. 책을 읽는 심정은 금방 비통해진다. 하지만 그럼에도 운명을 뛰어넘으려 애쓰는 인간들의 모색은 숭고하다. 이 책이 우리를 에워싼 세계에 굴복하지 않고 우리 자신을 지켜낼 수 있는 무기가 되지 않을까. 다시 일상으로 돌아갈 시간이다.

미행에서 만든 책들

1	소설	마르셀 프루스트	최미경	쾌락과 나날
2	시	조르주 바타유	권지현	아르캉젤리크
3	소설	유리 올레샤	김성일	리옴빠
4	시	월리스 스티븐스	정하연	하모니엄
5	소설	나카지마 아쓰시	박은정	빛과 바람과 꿈
6	시	요제프 어틸러	진경애	너무 아프다
7	시	플로르벨라 이스팡카	김지은	누구의 것도 아닌 나
8	소설	카트린 퀴세	권지현	데이비드 호크니의 인생
9	르포	스티그 다게르만	이유진	독일의 가을
10	동화	거트루드 스타인	신혜빈	세상은 둥글다
11	산문	미시마 유키오	강방화·손정임	문장독본
12	소설	마르셀 프루스트	최미경	익명의 발신인
13	시	E. E. 커밍스	송혜리	내 심장이 항상 열려 있기를
14	시	E. E. 커밍스	송혜리	세상이 더 푸르러진다면
15	산문	데라야마 슈지	손정임	가출 예찬
16	칼럼	에릭 사티	박윤신	사티 에릭 사티
17	산문	뤽 다르덴	조은미	인간의 일에 대하여
18	르포	존 스타인벡·로버트 카파	허승철	러시아 저널
19	소설	윌리엄 포크너	신혜빈	나이츠 갬빗
20	산문	미시마 유키오	손정임·강방화	소설독본
21	소설	조르주 로덴바흐	임민지	죽음의 도시 브뤼주
22	시	프랭크 오하라	송혜리	점심 시집
23	산문	브론테 자매	김자영·이수진	벨기에 에세이
24	소설	뱅자맹 콩스탕	이수진	아돌프 / 세실
25	산문	안드레이 플라토노프	윤영순	전쟁 산문
26	소설	안토니 포고렐스키 외	김경준	난 지금 잠에서 깼다
27	소설	모리 오가이	전양주	청년
28	소설	알베르틴 사라쟁	이수진	복사뼈
29	산문	페르난두 페소아	김지은	이명의 탄생
30	산문	가타야마 히로코	손정임	등화절
31	산문	고바야시 히데오	유은경·이재창	비평가의 책 읽기

32	소설	조르주 바타유	유기환	**마담 에드와르다 / 나의 어머니 / 시체**
33	시론	라헬 베스팔로프	이세진	**일리아스에 대하여**
34	시	하트 크레인	손혜숙	**다리**
35	산문	다니자키 준이치로	이한정	**문장독본**
36	소설	로제 마르탱 뒤 가르	정지영	**티보가 사람들(전 11권)**
37	시	앨런 긴즈버그	손혜숙	**카디쉬**

한국 문학

1	시	김성호	**로로**
2	시	유기환	**당신이 꽃 옆에 서기 전에는**

라헬 베스팔로프(Rachel Bespaloff, 1895-1949)는 1895년 5월 14일 불가리아 노바자고라에서 태어난 우크라이나계 유대인이다. 그의 모친 데보라 페르무터는 철학박사이자 교사였고 부친 다니엘 파스마니크는 스위스에서 의학을 공부했지만 시온주의 작가로 유명했다. 라헬 베스팔로프는 제네바에서 주로 성장했고 음악원에 들어가 에르네스트 블로흐를 사사했지만 1922년에 파리에서 결혼한 후 음악을 그만두었다. 1927년에 딸 나오미를 출산했고 사실상 독학으로 철학과 문학을 공부했다. 1942년에 나치 독일의 위협을 피해 미국으로 건너갔고 1945년까지 미국 정부의 라디오 국제방송 '더 보이스 오브 아메리카The voice of America'의 협업 작가로 일했으며 1942년에서 1945년까지는 매사추세츠주 마운트 홀리오크 칼리지에서 학생들을 가르쳤다. 라헬 베스팔로프는 주로 쇠렌 키르케고르, 가브리엘 마르셀, 앙드레 말로 등을 탐독했고 프랑스에서 맨 먼저 하이데거를 읽은 사람 중 하나였으며 레프 셰스토프, 장 발과는 사상적, 개인적 친분 관계에 있었다. 미국에서 정신적으로나 물질적으로 어렵게 생활하면서도 여러 매체에 기고를 했고 『전진과 분기』(1938), 『일리아스에 대하여』(1943)를 발표했다. 대표작이 될 수 있었을 거대 프로젝트 '자유와 순간'을 완성하지 못한 채 1949년 4월 6일 매사추세츠주 사우스 해들리 자택에서 "계속하기엔 너무 지쳤다"는 메모를 남기고 가스를 이용해 자살했다.

옮긴이 이세진은 서강대학교에서 철학과 프랑스문학을 공부했고 동 대학원에서 프랑스문학을 조금 더 깊이 공부했다. 출판번역가로 일하면서 『고대 철학이란 무엇인가?』, 『명상록 수업』, 『브뤼노 라투르의 과학인문학 편지』 등 다수의 철학서와 문학, 예술, 과학, 아동 등 다양한 책을 우리말로 옮겼다.

일리아스에 대하여

라헬 베스팔로프
이세진 옮김

초판 1쇄 발행 2025년 4월 25일
초판 2쇄 발행 2025년 12월 25일

펴낸곳 미행
출판등록 제2020-000047호
전화 070-4045-7249
메일 mihaenghouse@gmail.com
인쇄 제책 영신사

ISBN 979-11-92004-28-0 93100